JN441080

댓돌에 앉아서

남선현 시집

신생시선·54
댓돌에 앉아서

지은이·남선현
펴낸이·원양희
펴낸곳·도서출판

등록·제2003-000011호
주소·48932 부산광역시 중구 대청로 135번길 5(401호)
w441@chol.com www.sinsaeng.org
전화·051-466-2006
팩스·051-441-4445

제1판 제1쇄·2020년 12월 15일

공급처·도서출판 전망

값 10,000원

ISBN 978-89-90944-66-5

이 도서의 국립중앙도서관 출판예정도서목록(CIP)은 서지정보유통지원시스템 홈페이지(http://seoji.nl.go.kr)와 국가자료종합목록 구축시스템(http://kolis-net.nl.go.kr)에서 이용하실 수 있습니다. (CIP제어번호 : CIP2020051142)

*이 시집은 전라남도, (재)전라남도 문화관광재단의 지원을 받아 출판되었습니다.

시인의 말

햇살 냉랭한 빈집엔 개미가 먹다 버린 사체
거뭇하게 쌓여 바람에 쓸려 뭉쳐진 그곳은
꿈틀꿈틀 읽고 버린 시적 형상이 바글거린다

급속한 노령화로 열악하고 소외된 노동력
궁핍 그리하여 적막한 남도의 끝자락에
청량한 바람 일렁이게 하는 것은
교감交感이 함께 어우러질 때이다

서로의 미소가 기억되고 열매 맺혀
활력으로 승화시킨 시편에 녹여
꾹꾹 눌러 세상 향해 뿌려 놓고

댓돌에 앉아 떠나간 이 땅의 주인과
앞으로 주인 될 새 생명의 교합을 그리며
마당 길섶에 묻혀 별마저 잃어가는
찬연한 빛을 가슴에 품어 여기에 심는다.

2020년 11월

남선현

차례

제2부

제3부

제4부

해설_김경복

제1부

비꽃

밤새 시끄럽게 계절을 괴롭힌
가을비가
색동옷 입은 목련잎을
두드리는 아우성 소리에
눈과 귀가 얼얼하다

계절을 훔치려는 빗소리인지
떨어지기 싫어
몸부림치는 낙엽의 울부짐인지
줄기차게 때리고
견디다 못해 손을 놓아버린
낙엽은 널브러져 있다

흙으로 돌아가 다시 만난
비와 낙엽 눈과 벌거벗은 나무
뚝뚝 떨어지며 그려지는
모습이 계절을 송두리째
먹고 있는 내안에서
사름사름 피어 다독이고 있다.

여전사

팔순 맞은 역전의 용사들
여섯 명을 모시려고 마을에
차를 세우고 기다렸다
잠시 후 하나 둘 작대기 무기 삼아
낮은 포복하듯 힘겹게 인사를 나누며
점심식사 자리를 마련한 영주 차와
내 차에 나눠 타고 과역 짐다리에 있는
식당으로 작전을 수행했다

꽃다운 나이에 짝을 만나
일생을 바쳐 흙과 벗이 돼 전쟁하듯
풀과 싸워 곡식을 일구고 자식 낳아
남 좋은 일 시킬 때 웬수같은 짝은
전쟁터에서 잃거나 방을 사수하는
불침번이 되어 아무짝에도 쓸데 없어
하지만 그래도 영원한 내 짝이여
하며 멋쩍게 얼버무려 은폐한다

여전사!
애써 아름답게 빗질하는 전사들

가족을 위해 이 땅을 지키며
어미의 앙당그런 매무새로 싸워 온 세월
등이 휘고 삭신은 만신창이 되었어도
화사하게 벙근 미소는
장승처럼 우뚝 서서 마을을 품고 있다

이 마을로 배치된 지 육십여 년
호미와 낫과 긴장과 땀으로 지킨 세월
남는 건 주름진 얼굴과 이빨 빠져 어눌한 발음
전사들의 암호 같은 수다로 어느새
점심은 만찬이 되어 진지를 사수하고
여섯 전사들의 무용담은 너 나 할 것 없이
지나온 세월 반찬이 되고 안주가 되어
한 술 또 한 잔 밥과 반찬과 반주는 어느새
갈등과 고통의 훈장으로 잔주름 사이에 숨어 있다.

이명耳鳴

밤새 비바람 몰아쳐 꿀꿀한데
신새벽 온 동네를 깨워주던
힘찬 울음이 멈췄다

우리 속 담장 아래 마루 밑에
어디선가 들려올 것 같은 소리
당당하게 울어 젖히던 수탉
한동안 이명에 시달리며
새벽을 맞는다

때론 처절하고 애절하게 들리던
질펀한 울음이
새들 노래마저 숨죽이듯
고요가 어둠을 뚫고
여린 햇살에 하얀 나비 날아
아침을 깨운다

꼼지락 꼼지락 궂은날
울음이 노래가
또 다른 소리에 묻혀

허전한 귓속을 간지럽히듯
악머구리 목청 높이는데.

쑥 범벅

간드러지게 한들거린
바람이 멋쩍게 써내려간
기다림의 편지마다
푸른 싹 틔우는 날

한껏 부푼 풀섶에 갇힌 쑥
향기 헤집고 아련하게 웃으며
잔물에 걸린 애잔함 여릿여릿
부적거린 기억 저 끝을 뚫고
손에 건져 올려 쑥 범벅을 만든다

개여울에 걸려 넘치고 흘러
쌓을 데 없는 보고픔
들길에 밟혀 내님 몫으로
버물려 젖어들면 흘려내린 향긋함
입술 적셔 그립게 피어나고

한입 그윽한 봄은 간간히
쌉싸름한 기쁨 들뜨게 하고
홀연히 입속에 남아

밉고 짜고 쓰고 달고 애증에 쩐
범벅이 되어 봄볕을 먹고 있다.

황혼黃昏

서녘 노을이 빗대어 숨소리조차
힘겹게 들려오는 하늘가에서
정화수 떠놓고 손바닥 닳도록
비벼대는 오십 년 전 색시가
홀로 남아 자글거린 잎새 사이로
빛살에 화장하면
구울근 주름 복좀하게 피고 지며
시간을 비틀고 있다

저문 산허리 거무스름하게
어둠의 빛으로 채워갈 때
찌그러진 화물차 어귀를 휘돌며
확성기 소리 요란하다
고물 삽니다
고물

왜 말이요 그것조깐 끄시오
시끄르와 죽겠당께
뭐슬 사간디 고로케 시끄럽게
해싼다요 참말로

나를 산다 이말이어
뭐라고 고물이라고 썩을 놈 허이
휘이 손을 저어 쫓고 있다
고물 아나 여기 있다 육실헐

선들바람이 훑고 지나간 산산이
어두워지는 시간 햇살 붙들고
초꼬지불 같은 명줄 이어가는 새악시
어두워 뭔 소린지 앵앵거린 잡소리에
눈과 귀를 연신 후벼대며
그래 고물이다
고물

젊은 날에 머물러 오기 부리던 할매가
어느새 사자使者 바지가랑 붙잡고
제발 조깐 하며 통사정하고 있다.

삼짇날 갯가에서

옹댐이골 조상 만나러 가는 길
고개 들어 날꼬지 내봉재 건너
바라보면 산과 들은 연둣빛에
젖어들어 잡힐 듯 말 듯
힘찬 기운이 골짜기마다 들썩이는
생명의 소리인 듯 싱그런 물빛
반짝이며 갯벌을 울린다

뒤꼍에 절어 숨바꼭질하는
짱뚱어가 아장거리고 달랑게 수컷
벌얼거케 단장하고 발정난 듯
짝 찾아 지그재그로 걷는 자리
어그적 어그적 몸부림친 뻘데 녀석들
뒹굴며 만든 텃밭 개펄 이루고
비릿한 갯내 끈적이는 타액
포름하게 풍겨와 흥분케 하니
꿈틀거린 갯벌 벌렁대며 심호흡 몰아쉴 때
짝 만난 제비 봄을 물어 날고 있다

먼 곳을 휘이 돌아보면

가물거린 지평선 사이로
봄내 품은 감태 한 장 덮여있어
가까이 더 가까이 다가서면
하얀 거품 걷어낸 자리
물잎새 피어 너울거리고
바람에게 쫓겨난 듯
자박거린 바닷물 드나들다
돌부리에 걸려있는 별을 재우고 있다.

송송한 계절에

여름 더위가 텁텁시원한 아침 이른 시간
요양병원을 찾아 이십 년 전으로 돌아가
멈춰버린 고운 여인을 만났다

아재 더운디 또 왔소 어여 차 댔시오
독새골밭에 참외가 노랗게 익었을 텐디
장에 갔다 팔라면 볕들 때 따야 쓴당께요
아참 근무는 어뜩게허고 왔다요

침대를 등지고 2년째 꼼짝 못하는 몸뚱이로
무얼 어떻게 하겠다고 어눌한 발음에
알듯말듯한 얘기를 쏟아내며 채근하는
모습이 차라리 평온하다
그 때가 최고의 봄날이었을까

억척 떨며 사남매를 키우기 위해 부서져라
욕심 부리던 농촌 어미의 치열함이 습관처럼
무의식의 세계를 지배하는지
망가진 육신과 정신은 현실과 멀어져가고
짐 진 무게를 잊고 싶은지 여인은 이십 년 삼십 년 전

그곳에서 삶의 여정旅程이 아름답게 피어 있다

아재 얼른 나좀 태우다 주랑께요
땡볕에 따면 성성한 것이 시들혀서 못쓴당게요
연신 혼잣말처럼 희미해져가는 정신 붙들고 오락가락
워머 아까운 것 지금 안 따면 참외 다 골아분디 어째야 쓰까잉.

상실감喪失感

오매 어째야쓰까잉
깨가 다 녹아 부러서
막둥아 언넝 안갖꼬고 뭐허냐
선풍기 바람이라도 부쳐야 쓰것다
거그 없냐 선풍기 뭐머 이것 어차까잉

새편할매 소리가 점점 높아가고
원망 섞인 입을 실룩이며
망할 놈의 하늘이 구멍이 나부렸냐
가실에 웬 놈의 비가 요로코롬 온다냐
염빙헐 태풍꺼정 와부러 왜이래싼지 몰긋따

지만 편하자고 먼저 가분 영감탱이 같이
어긋어긋 참말로 이것 어째야 쓰까잉
굽은 등 빼근해져 뒷짐지다 말고
환장허긋네 참말로 환장허긋써 연발하며
애꿎은 깨만 만지작거리고 있다

깨농사 잘져 추석에 자식들 나눠주고
남으면 돈사서 손주들 용돈 줄 요량에

하루 멀다않고 뒤집고 묶어서
마르기를 기다렸는데
이렇게 가을장마가 계속되고 태풍이
비를 쏟으니 하늘을 원망하는 농민들의
찢긴 한숨이 세상을 깨운다

떨어지고 썩고 녹고 있는 것이 어찌 깨 뿐이랴
마늘 · 양파 · 과일 · 벼 · 작물들 하나같이 뒤틀리고
꼬이는 수요공급의 불균형이 비에 젖고 쓸려와
뭘 어떻게 해야 할지 농심에 재를 뿌려
의욕마저 앗아간 상실감에 주름만 쪼그라든다.

발바닥 상처

놀부아짐이 고추 씨앗 파종한다기에
비닐하우스를 찾았다
포트에 씨앗을 심고 물을 뿌리며
바쁜 움직임 따라 솥투껑 같은
손을 바라보니
쩍쩍 갈라진 거북이 등짝 같이
잔주름 가득하다

부지런히 일을 하다 무엇에
찔렸는지 신발과 양말을 벗으며
다급하게 아재 안방 찬장에 있는
약 좀 가져다 줄랑가
흙물 풀물 든 발바닥은
피가 흥건하다 흙속에 범벅이 돼 있던
뾰족한 물체는 굳은살 덕지덕지 붙은
발꿈치를 뚫지 못했을 텐데 구멍 난 양말
엄지와 검지 사이 약한 부분을 파고들었다

성님을 올 수 없는 먼 곳으로 떠나보내고
평생 농사지으며 흙과 함께

살아온 드세기로 소문난 놀부 아짐
약 꾸러미 속에는 연고와 밴드
알 수 없는 약 봉지가 흠칫 바스락거린다

발바닥 상처는 우렁이처럼 자식들께
기꺼이 피와 살을 내어주고
빈껍데기가 되어가는 연약한 여인의
모습이다
상처에 연고 바르고 밴드 붙인 후
양말 신는 어미의 강인함을 바라보니
발바닥에 번진 핏자국이 빨알간
장미꽃으로 마음을 찌르고 있다.

이참에 오려나

제야의 종소리에 한 해 동안 묻어둔
응어리 부풀려 너덜너덜 펄럭인다
새롭게 빚어낸 새날은 푸르게 옴싹여야
의미를 삭힐 수 있는데
매해 부서지고 짓밟힌 아쉬운 날은
점점 쌓여 더 큰 앓이로 새해를 품는다

떨리는 손으로
잊어야 할 슬픈 이름을 금긋듯
찌이익 그어 꾸깃꾸깃 버린다 해도
잊을 수 없기에 아픈 기억들은
지나간 날에 새겨놓고
지독한 어둠 그 터무니없는 보고픔을
아리게 붙잡아 새날 햇볕에 비춰 본다

문득 내 나이가 무겁다
창문 밖 늙은 감나무 위엔
깃털 곱게 빗은 까치 한 쌍
살피 건넌 가지에서 소제밥 나누며
카지까깍 안부를 묻는다

내내 소식 없어 마음 끓인 자식처럼.

훼방꾼

서리가 하얗게 내린 아침
문자가 와서 확인하니
간밤에 청산 아재가 돌아가셨단다

칠남매 키워 도시에서 잘 살고 있다고
장날 막걸리에 거나하게 취해
초췌한 모습으로 말을 걸던 그 아재가
고독사孤独死로 이웃이 발견해
병원으로 모셨단다

옆집 몽돌아짐과 만나면 자식 자랑하다
마른침 튀겨가며 몽니 부리던 청산 아재
오래전에 아내와 사별死別하고 혼자 남아
동네만 나오면 객기 부리며 훼방을 놓던 초빼이

외롭고 그리워서 울부짖듯 소리치던 쓸쓸함이
찬바람도 엉엉 울렸을 간밤에
혼자 몸부림치다 저승으로 잡혀간
청산 아재의 죽음 앞에서
우리는 자유로운가

고흥 40퍼센트가 65세 이상 옛젊음이 꿈틀거리는 곳
가슴을 후벼 파는 겨울의 추위보다 아픈 보고픔과
사람이 그리운 사람들을 보듬어 줄 이웃의 관심이
꽁꽁 언 마음 녹이는 화롯불 되어 두세두세 모여
저승에서 뭔놈이 잡아갈 그날까지 함께 할텐데

아재 청산아재 인자 저승길 같이 가자고
옆사람 잡아끌면 못쓰요
가다가 당신 같은 꽁꽁 언 가슴 있걸랑
땃땃하게 녹여 돌려보내 주랑께요 잉.

놈시밭에서

옆집 은행잎과 은행이
놈시밭에 떨어져 주어내고
치우느라 고약한 냄새에
머리가 지끈거리고 허리가
욱신거려 꼼짝 못하것다

언넘이 가을 가을 한거여
고랑 타놓고 양파 심으려고
읍내 나가 모종사오니 젠장 헐
이걸 어쩔 것이여 떨어지고 뒹굴다
바람이 몰았나 꼬랑새에 끼여 또 쌓였다

놈시밭의 가을은 죽을 맛이다
김장채소는 빗기는 이파리가
야금야금 상처 입히고 똥 냄새난
알맹이는 툭툭 구멍 뚫어놓고
꿈틀거린 녀석은 살것다고 요리저리
숨기 바쁘고 요것들 하며 허리 펴고
먼 산 바라보면

노랑빨강 떠억 하고 다가오는 화려함
탐스럽게 농익은 가을이 눈앞에 있다.

김장철이 되면

고덕에서 택배가 왔다
열어보니 배추 무 고춧가루 팥 사과 등등
박스 안에는 늙은 어미의 마음이
여울져 저며진 애초롬 가득 담겨져 있다

갖은 양념처럼 빼곡히 넣었을
여러 날의 애달픈 무침
짓무른 눈 깜박이며 안부를 묻듯
담아온 체온이 손끝에서 가슴으로 전해져
꺼내지는 울컥함이 부르르 떨며 눈시울에 젖는다

보내지 말래도 참
연신 마음과 다른 말을 뱉는 나는
귀도 눈도 허리도 기력이 다해 약해진 당신의
양식과 정신을 받아 나누며 내 자식께 먹이려
김장을 담가 통에 넣어 택배를 보냈다

이틀 지나 애한테서 전화가 왔다
엄마 잘 있지 보내준 김치 잘 먹으께
그런데 이렇게 안 보내줘도 되는데

그래 알았다 그건 그렇고 애들은 별 탈 없냐
응 엄마 근무 중이라 바빠서 또 연락할게 뚝

허어 참 무뚝뚝하기는 인석도 내 맘 같을까.

부적符籍

한가위 형수님이 계신 요양병원을 찾았다
대뜸 밝은 표정으로 아재 쩌그 신발장에
신발 좀 갔고 오씨오 얼능 하며 재촉을 한다

어디 갈려고요 호떡가서 떡허고 이것저것
준비혀서 차례 지내야제 아 참 장에 가서
고기도 좀 사오씨오 추석에 애들도 올텐디
기억의 끈을 놓지않겠다는 듯 애써 큰소리로
얼른 신발 좀 갖다 주랑께요 하고 있다

많은 시간 되돌리려 얼마나 몸부림쳤는지
점점 희미해져가는 존재감은 현실을 사르고
백지가 되어가는 기억들 중에 잊지 않고
흐카게 빨아 놓았당께 얼능 가꼬오랑께요
하며 신발 달라고 보채고 있다

자신의 세계에 갇혀 움직일 수 없는 육신을
잊어버리고 그저 집으로 가야 한다고
안달하는 여린 천사가 눈에 밟힌다
호떡 안가고 우리 집에 가야 하는데 하며

손을 붙잡으니 뻔히 바라보는
눈엔 이슬이 맺혀 크렁크렁 젖어있다

신발은 집으로 가는 부적이며
세상을 연결하는 주문呪文이었을까
주술에 걸린 듯 신발 흐칸신발이
잠자리에 누워 눈을 감아도 되살아나
자리끼에 둥둥 떠돌고 있다.

봄은 왔는데

텃밭에서 고랑을 타는 손이 멈추고
살랑이는 바람에 몸을 맡기면
멀건 그리움 땀이 되었는지
볼에 흐르는 보고픔 입술에 닿으니
짠 게 아니고 쓰다

땅속에 박힌 흙과 돌들이
부딪치고 파여 잘게 부셔지는
흙속의 애잔함을 툴툴 털다보면
뽀송한 눈빛 다가왔다 사라지고
얼룩진 간절함은 흙먼지에 흩뿌려져
애타는 그리움 날리고 있다

쓰디쓴 냉가슴이 봄을 만나 끓여지고
달궈진 애틋한 생각들을 벌컥벌컥
토해버리고 싶은데
맴돌다 다시 소용돌이치며 가라앉다
또 다시 울렁인다

청양고추 가지 토마토 상추

이랑에 살 붙인 녀석들은
어느새 짝을 만나 꽃피우고
벌을 부르는데
찾는 건지 잊기 위한 건지
땀은 비 오듯 쏟고 손끝의 갈퀴는
자꾸만 가슴을 헤집고 있다.

알람

진눈깨비 밤새 휘몰던 날
새벽을 알리던 수탉의 기상
소리가 끊겨 늦잠을 잤다

짜식 좀 깨워주지 날씨 때문에
개름피고 있나 아님 뭔 일 있는가
엉거주춤 담장 넘어 바라보니
녀석들이 한 놈도 보이질 않고
깃털만 바람에 쓸려 쌀랑인다

언제부턴가 새날 새로운 기운
함께하며 빈독골 새벽을
깨워주던 녀석인데
마음이 휑하다

살아있겠지 젠장 왜이리 허전하지
거센 바람이 가슴을 훰쓸 때
뎅그런히 밥그릇 부딪치는 소리만
꼬끼오 꼬꼬 으렁으렁 울고 있다.

제2부

촛불

불 밝히고 바라보면 입김 따라
움직이는 연약한 것이
손등타고 전해지는 정신을 태우면
거센 파도 일렁이며 바람을 일으킨다

눈빛에 소망을 담아
수만 수백의 함성을 태우면
지축地軸을 흔드는 우레가 되고
분노를 끓여 터전을 만든다

어두운 방에서 몸을 태워
빛이고자 했던 꿈들이
종이컵 안에서 세상을 밝히고
흔들리는 서로에게 의지하며
들불로 번져
위정자의 양심을 태우면
새날 새롭게 빛나는 꽃이 된다.

청정淸淨

어물전 똥파리 웽 웽 거려
내다버린 그곳엔
돈 냄새 맡고 몰려든 썩바리들
우글우글 배탈 난 것도 아닌데
이놈저놈 똥구 빨다 뱉어낸
불순한 이물질 볼썽사납게
널브러져 옮고 있다

이곳엔 똥파리와 썩바리들의
욕심이 만든 지린내가
냄새보다 더한 구더기 같은
간악함과 목구멍까지 찬 욕심이
허물어진 괴기한 몰골로 우직끈
쉬를 갈기고 천사의 모습 하고
아가리 벌려 홀리고 있다

맑고 깨끗해 살기 좋은 곳이란
없어진지 오래 필요에 따라
허방둔벙 삽질하며 고인 물에
물똥 갈기고 돌아서는 똥파리들과

똥냄새 보다 더한 냄새로 먹다 남은
찌꺼기 여기저기 싸질러 되며
우기는 뻔뻔스런 이죽거림이
청성한 이 땅을 똥칠하고 있다.

눈깔사탕

햇살 가득 빈속 채우듯 곰탕 먹고 나오다
계산대에 놓아둔 박하사탕 입에 물고
오물거리며 아련히 떠오른
어릴 적 학교 갔다 집에 오는 길
송센 점빵에서 십리사탕 한 개 사서
입에 물면 달달함은 그저 배고픔도
사라지고 세상이 내 것 이었는데

어떨결에 양잿물 같은 쩝쩌름 달콤함에
길드려져 밥맛을 잃게 하는 사탕 맛에 쩔어
뱀처럼 혀를 널름거려 주변을 속이고
속여 빨다보니 이빨은 썩고 양심은 녹아
구린 냄새 역겹고 사족을 만들어 기형이 된
뱀 그림을 용 그림이라고 외친들
그 또한 사탕 맛처럼 공허하다

와~따 오랜간만이요잉 잘 사요
왜 그렇게 만나기가 힘든당가요
요즘 세상이 뭐이 요렇게
돌아가는지 알다가도 몰것당께요

작것들 뭐시 어짜고 저짜고 허다가도
사탕 던져 입에 물려주면 꽥 소리
없이 조용해져 분당께요 하며
너스레를 떠는 오야지인지
기레기인지 허접한 정치 철새지
요망지게 떠들어 데는 그 입 또한
눈깔사탕 물고 청승을 떨고 있다.

야누스와 함께

—리모컨(Remote Control)

온 종일 시간을 묶어놓고 삶터를 누비다
어둠 깔린 싸늘한 집에 돌아와 불을 켤 때면
생각 없이 이놈저놈 붙들고 눌러 마술을 부리듯
세상을 보고 읽고 확인하고 밥을 짓고
가상공간의 친구를 만나고 낄낄거려도 돌아서면
휑한 바람이 주변을 휘감고 가슴을 차갑게 스친다

족쇄를 채우듯 묶여버린 게으른 정신은 언제부턴가
녀석들을 의지하며 외로움 속으로 빠져들어
자신이 없는 생활 사유思惟를 잃어버린 바보가 되어
현실과 가상을 구분 못하고 망상을 좇아 밤을 새우고
놈을 붙들고 나불거린 위정자들의 주둥이를 뭉개듯
애꿎은 버튼을 누른다

삐치듯 비어버린 시간들이 바뀔 때마다
엿 같은 장면만 역겹게 눈을 흘기게 하고
언 놈은 얼어 죽고 언 놈은 터져죽은 불평등
아니면 아닌 것을 손바닥으로 하늘 가리고
당연한 것처럼 울러대는 행위자의 으름장
세월이 흐를수록 판단 결정 행동이 느려지고

무뎌져 힘겹게 버틴 생활이 사무치도록 아프게
딸깍 딸깍 소리 지르며 떨고 있다.

물꽃

달꽃 핀 하늘이 금방이라도
울 것 같은 저녁을 숟가락에 얹고
식사를 하며 김 대표가 꼭 봐야 할
영화라며 기생충을 보잔다

빌딩숲에서 벌어지는 기생관계
지하 반지하 상층에 살고 있는
그곳이 바로 생지옥이다
상층민과 하층민의 이분법적 기생으로
유발된 신유목민의 슬픈 자화상을
그려놓고 영화는 죽음으로 끝났다

그사이 어둠이 삼킨 하늘은
굵은 눈물을 뚝뚝 떨어뜨리며
안경과 머리에 파고들어
썹벅썹벅 아픔을 느끼게 하고
조금씩 젖어든 가시 같은 현실은
뽀얗게 흰 안개를 피운다

돌아앉은 자리에 양극화兩極化가

먹칠하고 지나치는 마름돌 위로
애절양哀絶陽을 쓰며 개탄했을
이백여 년 전 정약용의 마음이 이랬을까
밟히는 빗물이 핏물처럼 튀어 휘청인다.

기억하라

5 · 18 아침 사십 년을 품고 사는
광주의 상처가 덧나
난도질당하는 영령들의 분노인지
눈물이 빗물 되어 그치질 않는다

금남로 민주주의 성지에서
망언을 토해내는 더러운 주둥이들
광주를 국민을 우롱하는 저자들은
진실 앞에 피 토하며 오열하는 산자의
슬픔을 아는가? 입 다물라

정녕 모르쇠로 일관하는 그날의
가해자들이여
죽기 전에 어깃장을 거두어라
빗물 속에 스민 서러운 분노가
뼈마디마다 상처로 울부짖고 있다

밝혀야 할 진실 치유해야 할 상처
정치노름에 놀아나는 위정자들의
현혹에 답답한 가슴만 쳐야 하는지

슬픔이 용기로 피어나는 오월
기억하라 산 자들이여.

소화제

팔랑이며 떨어지는 가을이
바람에 흔들리며
들녘을 휩쓸어 가슴으로
파고들면 새롭게 쌓여가는
쓸쓸함이 차갑게 넉넉함을
쓸어내리고 있다

밤이 지나고 새날이 되어 앞을 보면
풍요와 궁핍은 피 터지게 싸우며
탈탈 턴 알곡을 한입 가득 우겨넣고
욕심껏 채워 봐도 고픈 허기는
불만 가득 배부른 탐욕의 혀를
널름거린다

뒤틀린 심보는 이웃사촌이 논을 산 것도
아닌데 우글거리고 아프다
고놈의 사탕 때문인가 어찌나 달콤한지
썩는 줄 모르고 빨고 핥아서인가
배배꼬인 꽈배기 같은 창자를 휘젓은
양심은 약에 취한 듯 마비되었다

강한 것과 약한 것 애잔함을
바르지 못한 식욕으로 먹어치우면
남는 건 상처와 불신인 것을
무엇 때문에 소화제 한 알 보다
못한 사탕으로 속을 뒤집고 있는가.

댓돌에 앉아서

겨울바람에 마른 잎 서걱이는 빈집
지쳐 비틀거린 몸뚱이로 대들보 움켜잡고
앙상한 세월이 외로운 듯 손짓하면
얼그렁 설그렁 타고 넘은 넝쿨이 주인 대신
구멍 난 창호지 사이로 그리움 새길 때
햇살이 서러운 듯 흐느끼고 있다

찬바람 쑤석대는 툇마루 밑 댓돌에 앉아
스치듯 둘러보면 오랜 세월 가신家神 된
감석류장미동백매화가 못다한 얘기
바람결에 들려주듯 낭낭한 사연들이
마른 내음 스쳐 지나며 따사롭던 웃음
귓가에 맴돌고 대숲으로 스며든 안개 한 조각
자욱이 고단한 세월 속에 갇혀 앙상한 울림 가득
자진모리 설움 한 바탕 휘젓고 있다

앉아서 댓돌을 데우듯 한참을 기억의 저편
헤집고 하늘을 보니 날아가는 새가 벌거벗은
가지에 앉아 피지 못하고 떨어진 한 떨기 사랑
눈물에 찍어 입술에 묻히고 노래인지 울음인지

시린 그리움이 설핏 설핏 주변을 깨우고
대숲은 슬픈 듯 아린 듯 흔들리며 주인 잃은 빈집
휩쓸 때 몸짓보다 큰 먹이 물고 뒤뚱거리며
댓돌을 지나는 개미 사이로 지나온 세월이 흩어지고 있나.

몰금수

시상에 몰금수 볼 것 없어서
요런것 까정 잡사부러
참말로 상종 못할 것들 이구먼잉
연신 궁시렁거리는 성님 투덜거림에
귀가 멍멍하다

도대체 그 몰금수가 무엇인데
그렇게 형님을 화 나게 하는 것인가요

정당하고 당당한 것처럼 앞에서는
공평하다 말해놓고 뒷구멍으로
호박씨 까는 짓거리 아닌감네
나는 절대 아니여 해놓고 속을
들여다보면 겨가 아니라 똥이 묻어
냄새가 진동한 짓꺼리이란것이당께

아니면 내에나 마을 안길
포장한다고 혀서 동의서 도장
콱 찍어 준께 즈그 밭 가는길
포장허고 입 딱는 짓거리 아닌갑네

듣다 듣다 참지못한 그 보다
큰 성이 악을 쓰며 거든다

어이 징징짜지 말랑게
어찌 그런다냐
그런줄 몰났당가
참말로 환장해 분당께
뭣이 고렇게 요상한지 몰긋다
몰금수를 봐도 제대로 봐야제 ~참
시상 거꾸로 가는거여 뭐이어잉.

자존감自尊感

가장 아프고 힘들 때
곁에서 힘이 되어주던
반쪽이라고 생각한
반이 무너진 소리였다

한 점 거짓없이
속내를 털어 놓았을 땐
함께 분노하며
다독여 주더니 왜였을까

문자 받고 밤을 새고 반나절이
지나도 답을 얻을 수 없다
그렇게 가볍게 보였나
나의 전부가
그렇게 함부로 해도 된다고
생각한 걸까

가치 없이 버려진 느낌이다
송두리째 아파온다
믿음과 신뢰는 존중에서부터

시작되는데 한쪽이
조각조각 깨지는 소리가 귀청을
뚫고 심장 깊숙이 박히고 있다.

부처리

비가 줄척거리는 날
뒤곁에 봄동 뽑아 씻어서
묽근 밀가루 반죽에 휘이저어
부처리 몇 장 부쳐놓고 막걸리잔
기울며 밤 그림자를 넘기고 있다

어쩌랴 시詩를 뒤집어
부처리 지지다 목에 걸려
이마 살 찌푸리게 한 검푸른 쓸쓸함
벌컥 벌컥 막걸리에 스며들어
목을 타고 꿀꺽 꿀꺽 울면
번개는 자글자글 기름에 떨어져
도망치는 욕심 쫓아 헤집기 바쁘다

좽일 비는 내리고 눅눅한 기분에
추임새 곁들어 요리저리 얼얼하게
젓가락 장단 두들이며 먹고 또 먹어도
비어있는 허기짐 채워지질 않고
빗소리에 묻혀버린 덜 익은 얘기와

말캉말캉 입속에 으스러진
미련 한 조각이 밤을 부처문다.

개구리참외

비오는 날 옆집에서 부처리 부쳐놓고
탁배기 한 잔 하자고 해서 어울려
한줌 묻어둔 옛 이야기에 젖어드는데
지나던 아짐 불쑥 내밀고 간 녀석은
개똥참외도 성주 성환 참외도 아닌 것이
개구리처럼 수박처럼 늘어져 있다

깎아서 한 입 깨무니 이것이 뭐다냐
물외냐 단호박이당가 맛탱이가 왜이려
길쭉한 그림자 그늘 돼 콩닥콩 마음 졸이며
별빛내리는 밤 서리 해묵을 땐 징하게
맛났는디 말이여

그라고 이것이 빈독골 밭에 얼록달록 엎어져 있으면
그것들이 쳐들어온 것 같았당게 그 뭣이냐 그것
좌우당간 싸우지 말어야 돼 인자는 한두 개가 아니고
밭뙈기째 쓸어버리는 포식자가 있으니

그래서 말인디 맛난 것 보다
푸르딩딩한 게 좋당께

연신 안주로 빈독골 베어 물며
이빨에 땀내는 아재 뒤로 하고
늦여름 비가 스민 가슴 하늘로 휘젓고 있다.

비워둔 곳에 꽃이 피네

척박한 땅처럼 켜켜이 쌓인 생활의
고단함과 견딜 수 없는 현실의 결핍을
조금씩 채워 꾹꾹 눌러 비워두었다

보잘 것 없이 약해진 열정과 살아 움직이는
힘마저 잃고 헤매다 지치고 쇠약해져 한 움큼
붙들고 탑을 쌓듯 차곡차곡 쌓아둔 그곳은

고요하고 쓸쓸한 지난날을 다독이며
사회와 인간과의 괴리에 쫓고 쫓기며 살아온
땀과 눈물과 아련한 기억마저 온전히 남아
씁쓰레한 미소를 머금고 그곳에서 환하게 피었다

그리움을 위한 한 줌의 미련을 비워두었기에

이천이십년 사월

코로나19에 발이 묶여 뒤꼍에 나와
푸르른 숲 사이 아롱이는 4 · 3 4 · 16 4 · 19
서럽고 쓰렸던 지난날들이
노란 꽃 물결치다 흩뿌려진 빨간 꽃이
바람에 일렁이며 흐느낀 듯 함성인 듯
여린 듯 여리지 않은 정신을 깨우고 있다

4 · 15 파란 핑크 서른다섯 가지 색색이
벌판을 물 드리며 민초를 현혹하고
한 줌 바람 스치고 지나면 산 너머 물 건너
또 그 자리 다시는 오지 말라고
우렛소리가 위정자를 깨우치고 있다

전통시장 후미진 마른자리에 앉아 전을 펼친
어미의 한숨소리가 땅이 꺼질 것 같고
드물게 지나는 마스크 쓴 부부의 장바구니는
가벼워 바람에 날릴 것 같은 상품권 몇 장
우리 비록 가진 것 적고 힘들고 험해도
함께 견디며 이겨내리라 푸르게 푸르게.

진통陣痛

때 이른 장맛비가 부처리를 볶나 보다
넓적한 잎에 숨어 애달피 울던
감꽃을 지지며 쓸쓸함을 뚝뚝 떨구고
흐느끼듯 흙냄새 몰상하게 펼쳐서
풀섶에 깃든 그림자를 자르르 바르고 있다

밤 악머구리 소쩍새 부처리 지지는 소리
온통 허기진 그리움이 탁배기 잔에 담겨
애잔하게 떠돌다 몸 밖으로 볶아지면
희멀건 구름 한 조각 눈에 걸려
어둠 속으로 사라져버린
크렁한 눈물은 뭐란 말인가

휘파람새가 몰고 온 서러운 기억들이
불판에서 자글자글 소리 내어 토닥이면
어두워진 세상은 점점 흐느낌이 거세지고
찢기고 할퀸 꽃잎을 쏟아진 빗물에 지지면
똑똑 소식을 전하듯 유월 감꽃이 튀고 있다.

상사화

무력감에 빠져 맥없이 멍 때린 날들
이유 없이 짜증이 난다
분위기를 바꿔 보려 평소와 다른
일들에 몰입해보지만 몸은 뜨겁고
가슴에 맺힌 체증은 먹은 것도 없이
갑갑하고 답답하다

더위에 체했나 아님 소화불량인가
이야기도 하기 싫고 심드렁해진
이 기분은 무엇일까
보이고 만져지는 것은 온통
의미 없는 허무뿐인 것을
세상 모든 것이 화나게 한다

들어야 할 소리 만나서 나눠야 할
순간들이 멈춰버린 보통의 일들
언제부터인가 가슴에 불이 난다
가깝고 먼 거리 단숨에 달려가
함께하고 싶은 맘을 누르고 참아
꽃이 되었나 핀 꽃은 가슴이 얼었다

텃밭에서

땅을 파고 묵힌 거름 뒤섞고
고랑을 가른 다음 부직포를 씌우고
넝쿨식물이 살아가도록 대를 잘라
삼각 형태로 세워놓고 그물망
올려 촘촘히 묶어 집을 지었다

풀을 못살게 부직포로 숨통을 조이는
작업을 종일 끙끙거리며 삽질하면서
편해보겠다고 몸을 혹사시키며
희망을 부풀리는 이 기분은 뭘까

잠시 찾아든 텃밭세상의 불합리한
생각을 거두고 앞에 놓인 녀석들
하늘마 땅콩호박 돌외 오이가
땡볕에 목말라 시들고 있다

간격을 띄워 모종을 심고 물을 주며
바라보니 그럴싸한 작은 농장이 되어
벌써 파릇파릇 그물 타며 너울대는
녀석들이 어른거린다

언뜻 발에 밟혀 짓이겨지는 풀들의
아우성이 몸에 흐르는 땀과 같아서
원성 가득 독을 품고 바라보는데
다가오는 바람이 스치듯 속삭인다

자연의 일부로 선택 받아 우주를
살아가는 꿈틀대는 기쁨인 게지
내일은 또 누가 함께할지 모르지만.

계발啓發

고흥만 안길 접어들어 길섶에 메뚜기
하늘 나는 기러기 벗 삼아 한참을 걸어
담수호에 자맥질하는 고니를 보았다
언놈은 인기척에 놀라 물보라 일으켜
뒤뚱거려 비상하며 소리 지르는 것이
마치 귀찮게 왜 이래 하는 것 같다

저녁노을에 비친 들판은 가을걷이 끝나
빈듯하지만 그곳은 쉼 없이 살아 계발하며
어우러져 살아가는 많은 생명들의
빛과 소리가 한가롭고 황홀하게 들려온다
정녕 천국의 아름다움이 이럴까

인간이 파괴한 자연을 되돌리는 소리가
간헐적 원망과 울음으로 쩌렁쩌렁
가슴을 벌렁이게 하지만 품 안의 여유와
스산한 어둠은 산 그림자 길게 늘어뜨려
시간을 재촉하고 밤을 깨운다

평온한 이곳이 군비행장 후보지란다

평화는 반전反戰인데 이 땅에 방어와 공격
생각만 해도 섬뜩한 군항기가 점령하여
치고 박은 인간들 등살에 살고 있는
생명들은 묻히고 먹혀 죽어가거나
떠나야 할텐데 개발도 좋지만
누구를 위한 누가 원한다고 이러는지

노을에 젖은 서녘이 흐느껴 울고 있다.

제3부

차를 마시며

오늘 아침 식탁은 가을이 차려놓는다
동살 같은 둥근 접시에 암탉울음 한 알
편편이 햇살 한 줌 흰 구름도 한 조각
마닐마닐한 외로움에 헐렁한
쓸쓸함 풀어 보글보글 슴슴한 간에
이슬 한 꼬집으로 개미를 낸다

뒤돌아보지 말자 돌아보는
가뭇한 얼굴은 슬프다

뒤섞인 지난날이 차향에 스민다
현실과 감풀 같은 기억이 가슴 밭에
뭉쳐 먼 산에 뭉실뭉실 피어난다
모아 쥔 찻잔에 냉기가 갓곱게 아프다

타 들어간 마음이 뜨겁게 녹아
찻잔 가득 단풍이 깊다.

일길에는

햇살이 심장에 파고들어
머얼건 가슴 핏빛에 물들면
뒷산 진달래 붉게 울어
눈물 흩뿌린 거리엔
꽃을 든 연인들 분주하고
연둣빛 잎새들
꽃물에 젖어 언 가슴 녹인다

언뜻 엄습한 빗줄기에
추위와 허기짐 가득 으슬으슬
떨려옴 견디며 그대에게 안기면
온통 불덩이 이글거리고
함께 뭉친 잎새 어느새 봄이다

새날 그리고 언제나 함께인
하루하루가 쌓여 따스한 볕에
자지러진 밤
어둠마저 즐거운 비명을 지르고
함박꽃 피어 그 향기 곁들면
꽃잎 하나 가슴에 날고 있다.

뒤란에서

며칠만인가 이 햇살
지독한 가을 장마에
쓰린 가슴 휩쓸리고 남은
무기력의 힘이 안개에 젖는다

빠끔거린 햇살 등에 업고
뒤란 길에 나서면
떨어지는 여름날의 기억들
발끝에 밟히며 그리움 쌓이고
잡힐 것 같은 감각이
시리게 스며들어 얼룩인다

바람이 휑하게 서늘거리면
물든 잎새 울상 되어
쓸쓸함 머금고 옷깃에 날리듯
길 따라 뚝뚝 떨어진 외로움
울음 섞인 낙엽 되어 뒹구는데.

내 친구들

언제부터인가 옆집 수탉 녀석이
새벽을 열어 제치는 알람이 되어있고
녀석 등쌀에 창문 열면 철따라 다른 얼굴들로
맑고 고운 미소 지으며 상큼한 향내 내어 주는
꽃과 텃새가 주인인양 재잘거린다

앞 뒷마당에는 늘 같은 자리 떠날 줄 모르는
듬직한 유자 감 모과 무화과 석류 목련 금목서 벚찌
까치와 직박구리 뱁새 꾀꼬리 딱따구리 복실이 야옹이가
제집처럼 주변을 맴돌며 함께 얼그렁 설그렁 토닥이는
녀석들 있어 희번덕거리는 살쾡이를 잊을 수 있다

땅을 헤집는 두더지 무엇이든 훔쳐 먹는 생쥐 녀석도
간사하고 악독한 인간들의 탐욕보다 지혜롭고
조화롭게 살아가는 자연의 친구들인 것을
우리는 뱀보다 못한 똬리를 틀고 움켜잡은 모든 걸
우겨넣고 끙끙거리며 당황하고 있는 것은 아닌지.

밀어蜜語

연못 훅훅 끓인 여름날이
빌빌거린 산소를 먹어버려
떼지어 거닐던 연인은 헉헉 스치는
물길 따라 뻐끔 뻐끔 입 맞추고 있다

자귀꽃은 지고 두 번째 핀 배롱꽃
뻘얼건 피를 철철 흘리듯 떨어지며
매미소리 부채질한 바람에 팔랑인다

일길 정자나무에 심어놓은
이야기 꽃 밝게 피어 열 계절 품고
새소리 바람소리 미소 가득 날리면
풋풋한 냄새 서로의 그늘이 되어 있다

태양과 사랑싸움에 익어간 밀어가
서로를 다독여 하늘빛에 닿으면
땡볕 속 가을은 허리춤을 끌어안고 있겠지

고갱이가 간직한 이야기 심장이 되고
연못에 비친 그림자 촉촉한 입술로 시를 쓴다.

단풍잎이

아무도 오지 않는 어둠진 구석에 서서
서성이다 눈이 마주친 밤빛에
그리움과 서러움이 노랗게 밀려오기도 하고
붉어진 가슴은 쓸쓸함에 젖어 허전함을
먼 잿빛에 묻기도 하며 흔들리고 있다

흰빛에 한 조각 구름이 떠가고
그 빛에 스며 번진 외로운 기억마저
스산하게 흐느끼며 떨궈진 잎새에
허허롭게 찾아드는 긴 밤의 한숨소리가
설렘의 저편을 휘저어 눈가에 머물고 있다

초롱하게 빛나는 밤하늘 위로
슬픈 눈싸움 시작되면
섧도록 날리는 잎사귀가 영혼을 빼앗듯
으스스 사나운 바람결이 볼기짝을 훑고
반짝이는 시린 가슴에 초름하게 떨어진다.

단상斷想

눈비에 얼룩진 마음 서러워지는 날
생각 없이 짓무른 황토 흙을 지쳐
풀밭을 걷다 앞을 보니 벌거벗은
삭정이 끝에 넋 나간 얼간이
흔들리며 바둥대고 있다

바람에 나부끼는 의지할 곳 없는
쓸쓸함이 엉켜 부딪치며 쌓여 있고
무심히 고개 돌려 등 뒤를 보니
무수하게 찍힌 발자국들과 색 바랜
사연들이 가늘게 떨며 공중제비를 한다

희뿌옇게 덧칠한 사잇길 접어들면
아려오는 보고픔 뚝뚝 떨어져
걸음에 밟혀 멈췄다 걷고 또
그렇게 걸으며 육천 보를 채우고
자신도 모르게 울고 있었다.

어둠을 태우며

숨소리마저 반가운 밤
조용히 찾아든 어둠이
반복되는 그리움 안고
소리 없이 파고든다

주어진 생활의 극점에는
몽환夢幻스런 별빛 반짝이고
툭 툭 건드린 마음
바람 따라 빛창골로 이어질 때
눈빛 번뜩이며
존재의 의미를 날려본다

달빛에 말라버린 열망이
멀건 입김에 얼어 붙어
눈가에 맴돌다 한줌 빛으로
성호를 긋는다.

방황

밤새 소리 없이 내린 비가
빈독골 적셔놓고 멀컹하게
쑤석거린 들먹임 하나 둘
잎새에 내려앉은 은빛사연
손등 타고 땅 위에 구른다

어느 가림막 골진 곳을 헤매이다
멈춰 서서 파르르 빛을 잃은 기다림
잿빛 그림자 되고
어른 어른 기억 속에 채워질 때
한 줄기 스삭이는 간절함
울컥 번져 와 빗줄기 따라 나섰다

길 위에서 길에게 길을 물었다
아득한 곳을 향해 손짓하는
그리움은 벌써 저 먼 곳에 있고
화려함 애써 외면한 채
터져버린 울음 한 조각 상처에
상처가 되어 쓸쓸히 길가에 흩어져
저 만치 멀어진 곳에는 넋두리만 천연하다.

시간을 깎다

따스한 봄내가 몰상하게 피어나
마음 가는대로 걷다 끈적한 몸뚱이와
정신을 뜨끈하게 지지러 공중탕에 갔다

심란한 마음만큼이나 여기도 북적인다

시름 다 벗어버리듯 훌렁 벗어던진
옷가지 구겨 넣고 탕에 들어가
머리까지 푸욱 넣었다
뜨거운 기운이 찌릿하다
거뭇하게 자란 턱수염이 꿈틀거린다

비누칠하고 거울 보며 깎으려다
맞아 얼마나 됐지 우리 만난 지가
만날 때까지 수염 깎지 않기로 했는데
그리움만큼 자란 꺼칠한 수염이 거품에
매달려 애원하듯 만지는 손끝을 찌르고 있다

샤워꼭지에서 쏟아지는 물과 그 부유물에
함몰된 시간이 이어질듯 말듯 맴돌다

가물거리며 깊은 심연深淵 속에서 일어나
만남을 그리며 사악 삭 잘려나가고 있다.

계절풍季節風

희끗희끗 땅을 뚫고 나타난 서리 발
봉긋이 내민 철 이른 꽃망울은
차가움과 싸움이 시작되고
일렁이던 상처가 살랑대는 처절함에
몸부림쳐 바람은 부스스 사각인다

눈꽃이 팔랑이며 마음에 녹아
차갑고 서늘한 가슴 털어버릴
간절함마저 칼바람이 살을 에어도
뜨거운 열정으로 처절하게 꿈틀거린다

하루 몇 번의 바람이 온몸을 휘감았던지
녹고 얼고 피고 지고 흘리고 닦고
들고 떨어지고 들쑤셔 놓은 계절풍이
변덕을 부려도 간직한 그리움에 새긴
보고픔은 힘찬 용기로 곧추선다

쓸쓸하고 허전함이 스치듯 훑고
사실과 다른 거짓으로 찢겨나간
정신이 후텁지근한 바람에 주눅 들어

불쾌하게 다가와도 미소 지을 수 있는
그대가 있어 옴싹 한입 넣고 삼키면
언뜻 또 다른 바람이 스친다.

상강에

길을 걷다 바람이 머문 자리에
마주 앉아 햇살 물든 가을 사이로
새소리와 떨어지는 낙엽이 스치는
그곳은 맑은 웃음꽃이 피어 있다

지나온 세월을 회상하듯 손뼉 마주치며
잊어버린 율동을 배워주고 받으며
반복된 행동에 엉성한 자세로 따라하기
바빠서 콧등에 땀나는 줄도 모르고
피는 꽃은 손뼉 부딪치는 소리만큼 환하다

푸른 하늘 은하수 하얀 쪽배에~
틀렸어 때찌 놀이에 정신 팔려 쩔쩔매는데
바라보던 청설모 웃음소리에 떨어지는 도토리
시간과 세월을 기억의 저편으로 옮겨 놓은 듯
바람이 머문 자리 가을은 온통 햇살을 품고
소곤소곤 곁을 떠난다.

심상心象

겨울로 가는 비가 줄척거리는 아침
눈부신 햇살에 반사된 그림자를 잡아
창가에 뿌려 언 가슴을 녹여 봅니다

참기 힘든 계절풍의 간사함이
가을을 먹고 사악하게 파고들어
칼바람 몰고 와도 온몸으로 맞서면
언제나 세상은 있는 그대로 마음 따라
움직이고 있습니다

문밖 세상은 그대로 두어도
눈비가 오면 그치고 겨울 지나면 봄
여름 가을 여전히 계절은
그 나름의 꿈을 꾸고 있습니다

아름답고 소중한 것은 보이지 않아
가슴으로만 느낄 수 있음을
자연은 말하고 있습니다,

그 중심에 그대가 있기에.

설렘

나른한 햇살이 지겨워
지난날을 들추듯 책을
뒤적이다 해묵은 잎새 하나
책갈피에 꽂혀 눈길을 잡는다

마른 잎 꺼내들고 바라보니
둘의 얘기가 글자 속으로 숨어
말을 걸어온다
그래 너와 난 하나야
혼자는 살 수 없는 연리지처럼
빼곡히 쌓인 지난날이 하나둘
살아나듯 잡았던 손이 눈빛이
가슴이 온몸이 뜨거워지고
두근거린 심장이 쿵쾅거린다

인가? 하며 계절을 앞서 갔고
생각만 해도 느껴지는 속삭임은
내안에 네가 있어 편안했지
마음으로 전달되는 포만감을
같이 느낄 땐 심장이 터질 것 같았다

시간이 너무 빨리 달아나 하나인 것이
아쉽지만 그래도 하나이기에
옳고 그름의 가치마저 알 수 없게
팽개친 현실 속의 이기적 생각들이
신뢰와 믿음을 흔들어도
떨림은 긴장을 만들어 놓았다

존재케 한 모든 것에 대한 일렁임도
마른 잎새에 대한 미미한 파장의 끝엔
언제나 내 안에 네가 있다.

성탄聖誕

어릴 적 옆집 혀니는 다른 주일은 안 그랬는데
성탄절 아침이면 일찍부터 집에 찾아와 교회 가자며
보채었지 그럴 때면 엄마도 덩달아
등 떠밀었고 이러는 혀니가 싫지 않았지만 겉으론
투덜거리며 따라 나설 때면 바닷가 교회 가는 길은
왜 그렇게 추었던지
몸을 녹이고 앉아 눈감고 있다 보면 노래와 기도가 끝나고
집에 갈 때면 사탕과 떡을 나눠줘 추위에 손을 호호 불며
가져와 먹었던 기억이 아련하게 떠오른다

성탄!
성탄을 생각하면 떠오르는 그 소녀는 예수의 피었을까?

밤하늘에 밝게 빛나는 십자가 넘어 별
사이사이 흔들리며 방황하는 삶의 질곡이 깊게 파여
사악한 혀를 널름거리며 비웃어도
치렁치렁 방울 울리며 혼란 속으로 헤매게 한 그리움이
조각 구름타고 혀니를 목 놓아 부르게 하는 시간
한줄기 빛은 눈부시게 따사롭다.

밤꽃 냄새

햇볕 출렁이는 유월 한낮
꼬부랑 길 따라 차를 몰고
창밖을 보니 어느덧
무논 개구리 소리에
파릇한 벼 잎이 흔들린다

따가운 햇살 포름한 숲속 어디쯤
깊은 사랑에 빠진 여인이 살고 있는지
말아둔 한줄기 여백에 정겨움 푸르게
덧칠하고 빈집 같은 마음
보고픔에 젖어있다

흐드러진 밤꽃 길을 되돌아 올 때
온통 근육질 남성의 냄새가
불끈거리며 콧속을 후비고
이름을 잊어버린 여인의 마음이
허물어 버린 냄새에 자지러져
갈 길을 잃고 목 놓아 울고 있다.

눈부신 봄이

잠들지 못한 몸뚱이 창문에 기댄 채
따스한 봄볕에 꿈결을 다독이는
포근함 곁에는 팔 베고 곤히 잠든
혀니를 품에 안고 수혀루를 걷고 있다

고요가 말을 거는 눈에 숨소리와 잔주름이
미소가 되고 깊은 내면의 이야기
커피 잔에 스며 스멀스멀 향기로 피어나며
눈앞에서 사라져가는 것들에 대한 소중함
알게 되면서 외로움을 알아버린 것 같다.

신새벽 이슬처럼 매달려 한숨을 뱉어놓고
보고픔이 소리 없이 다가선 눈에
눈물이 먼저 와 그리운 낮달이 된 걸까
눈물 보이기 싫어 돌아누운 낮달만 벙긋
"불편하고 부담스러워?"
불쑥 던진 말이 가슴에 꽂혀 아픔을 매달고
게슴츠레 올려다 보다 이내
멀찍이 앉아 텔레비전을 보고 있는 외로움이
내 눈엔 텔레비전이 혀니를 보고 있다

햇살 좋은 봄날 그래도 희망을 안은 채
흘린 눈물길 따라 가르는 종이달처럼
울음부터 터트리고 말았다
서로를 이어주는 이음줄이 한결같은 마음
눈부신 날이 계속 되는데
돌아누운 저 낮달이 말해서일까
팔베개 옆을 스친 바람이 전해서일까
비비추 옥잠화 삐죽뾰죽 목련 신이가
낮잠을 깨우고 있다.

찔레

빈독골 온통 풀빛이 물든 치마폭을
휘저은 여인의 분내가 가만히 파고든
마음 헤집어 놓고 그립게 떨고 있다

달빛에 물들고 햇빛에 바랜 설렘은
흰 꽃 따라 출렁거리고
말로는 아닌 척 툴툴 털고 있지만
그때마다 말을 잃어갔다

밤새 빛골 따라 꽃잎에
내려앉은 이슬방울이
동살 받은 달과 해의 짧은
스침엔 섧도록 울어 버렸다.

제4부

허물

살아 있는 동안 이 땅에 세들어 살고 있는 목숨
그래서 고통은 월세 같은 것인데
계절이 자박자박 걸어가다 얼음 결에 부서지고
몸보다 마음이 먼저 일어서 늦가을 햇볕에 내려 앉았다

현기증 나는 세상에 날려 보낸 상처가
쭉쟁이에 섞여 수북이 쌓여가며 펄펄 끓여지고
헐벗은 나목裸木에 붙어 월세 걱정하는 응어리
질척거리며 겨울로 떠나고 있다

한 세상 하고 말할 수 없는 집 한 채
육신과 정신을 송두리째 벗겨서 핥고 비틀고
압박해 봐도 까짓것 부딪혀 일어서면 봄인 것을
어지러운가 후회스러운가
내 집도 그 집도 땅과 하늘의 구성체로 돌려주며
돌아가는 허물인 것을

간간히 불어오는 쌀쌀함이 쾌싸게 깊어간다.

새해를 입속에 넣고

새해 첫날 백지 한 장
받아 들고 생각에 잠겼다
어떻게 그려야 하나 생각 없이
무뎌진 일상들이 새해라고 다를까

해마다 첫날이면 순서를 정해가며
흰 종이에 그렸던 누적된 가슴애피가
뭉쳐져 거대한 흙빛 산이 되고
생활의 도도함에 끼어 흐물흐물
내면의 죽음으로 빗대어 부서지고 있다

우삣쭈삣 가시처럼 돋아난 몽환夢幻에 찔려
핏물처럼 번진 구름자락에 주홍빛 해를 달면
쓰라림에 소리치듯 열정은 힘을 잃고
점점 희미하게 빗겨간 지난날을 그리려 하지만
세월이 한 점 빛처럼 빠르게 삼켜버리고

해를 맞으러 아랫녘 갯가를 걸으며
자박 자박 숨죽인 발자국 소리에
겹으로 걸친 옷 사이로 소름 돋듯

요란하게 그렸던 그림들을
어둠에 덧칠하고 크게 벌여 호흡하면
뻘얼건 햇살 한입 가득 하늘을 베어 문다.

피륙 속의 여행

빈독골에서 느린 열차를 타고
도라산역을 거쳐 북으로 북으로
평양 신의주 중국 장안을 지나
비단길을 스치듯 달리고 있다

아무리 소리쳐도 옆자리에는
들리지 않는지 각각 다른 생각
다른 것을 얻고 찾는 눈동자가
쉼 없이 열차에게 말을 걸고 있다

북쪽이 막혀 섬이 된 이 땅이
철길 이어져 끝없이 달리는
상쾌함이란 지나온 것과 앞날의
기쁨이 얽혀 노자의 곡즉전과
시지프스의 바위를 바라보는 순간
눈과 귀가 트여 품었던 마음을
털어놓고 함박웃음 웃는다

궤도를 돌아 빈독골 안방에는
끄지 않았던지 TV에서 북쪽 260킬로

철로 조사단을 꾸려 출발한다고
귀에 확성기 소리처럼 크게 들리는데
뒤척이며 몽롱한 꿈속을 헤매다
추위에 번데기가 된 몸은 움츠러들며
이불을 배배 감고 뒹굴고 있다.

동지冬至

뜨건 바람이 옷을 벗겨 나체裸體가 된
가지를 가슴으로 움켜잡고 외로운 듯
긴 따박걸음으로 천천히 지나가는 밤
동지 팥죽에 무딘 이야기
한 술 집어넣고 휘휘 저어본다

긴긴날 수없이 찢기고 깁고
풀어낸 세월이건만
동짓날 밤은 잠마저 데려가
헐렁한 바람에
휘청 휘청 무덤을 찾아
비익총을 들쑤신다

어둠을 지우면 새날이 온다지만
느리게 찾아든 감미로운 여운들이
지나온 시간에 색색의 수를 놓아
어둠을 깁고 포름한 형상에
멋쩍게 눈뜨면

검은 그림자 너덜너덜 덮쳐 와

휘둘러 뿌리치는 하얀 밤을
질리도록 물고 늘어진 잠은
하얗게 샌 어둠보다 무섭게 지쳐 있다.

선달

—은사시나무에게

힘차게 날아오른 한 마리 동박새의
보금자리는 은사시나무였다
다 내어주고 마지막 한 장 남은 이파리
세월이 가져가려 모질게 흔들고 있다

나무 군데군데 뚫린 구멍에 몸을
의지하고 햇볕 쬐는 새의 가족들이
서로 체온 나눠 부대끼며 빗장을 푼다

세월이 떨구고 간 열한 장의 이파리는
잎맥마다 휘감는 무기력까지 뜯겨나간
아픔 담아 까닭 없이 떠도는 뭇 잠의 기억들
찬 서리에 바스러져 털리지 않아 긴 밤
뒤척이다 보면 마음 한 자락에 은빛 물결
출렁이는 햇살 가득 따스한 그리움이 스친다

유난히 하얀색이 된 은사시나무 곁엔
벌도 나비도 없는 겨울에 꽃을 피우는
동백이 과감히 입을 벌려 몸을 맡기는 것은

자신을 좋아하는 동박새가 찾아올 거라는
믿음 때문이다.

옆집 타미에게

첫 새벽 울음이 담을 넘어
꿈꾸는 가슴을 파고들면
떠지지 않는 실눈으로
얘야 벌써 울지 마라
너도 외로워 우는 거면
한 세상이 외로운 거란다
잠꼬대처럼 어루만진다

울음은 한낱 궁상맞음을
떨친 대찬 여유인 게냐
부리에 떨어지는 햇살
한 알 쪼아 물고 졸다가
화들짝 구름향해 고래고래
우는 볏이 검붉구나

번뜩이는 눈망울 굴리며
암탉 종종걸음 뒤따르다 대장께
죽다 살아난 것이 서러워 숨죽여
울음 울다 하루가 저물어도
그렇게 이어져 살아가는 것이다

약하다고 서러워 마라
실한 놈부터 인간 위해
죽는 것이 너희들의 살아 있음인 것을
목숨 뽑아 피울음 울며 새벽 깨우고
겹겹의 시간을 당당하게 을러대는
그 울음은 아둔한 세상을 깨우고 있음이니.

접힌 달빛은

실실 찬이슬 내리는 시월
새벽 달빛 머금은 별들이 내려앉아
빈독골의 잠 깃에
진저리치며 몸을 흔들고
쏟아내는 쉬 소리가 제멋대로
날아간 그곳을 보면
낙엽 사이에 걸린 달을 툭툭 털고 있다

담 넘어 고구마 밭은 반짝이는 별들을
여명이 먹어 치우고 몸집을 불리는 시간
깨어나기 시작한 수탉과 복실이 녀석은
목청껏 제 세상인양 그림자를 쫓고 있다

함몰 되어가는 밤 자락의 펄럭임이
바람에 흔들리면 조각조각 부서지는
옹색한 절절함이 가슴을 뜨겁게 하여
입김에 서린 보고픔은 가을을 타고
날아올라 겨울로 떠나고 있다.

몸은 전쟁 중

개짐머리 지끈거리는 것이
며칠 자리 잡고 쓰석 쓰석
설레발치며
한바탕 놀고 갈 모양이다

요것을 잡아서 몰아내 보겠다고
궁뎅이 짝에 바늘 꽂고
포도청에 캡슐폭탄 털어 넣으며
물대포 쏘고 있다 보면
눈꺼풀 내려앉아 평화를 맞는다

시한은 벨라도 삭신이
쑤시고 시린지 몰겄다
뼈마디가 시린 것은 뻥 뚫린
가슴일까 스산한 시상일까
으슬으슬 오그라든 몸뚱이가
마음 움켜잡고 불판 오징어처럼
뒤틀며 요리저리 휘젓고 있다.

입과 입

곱게 싸온 도시락 봉지 풀어놓고
정성 어린 성찬을 입속에 넣으며
감사하는 마음까지 먹고 있다

궁핍한 것도 허기진 것도 아닌데
정신없이 요것저것 한입 넣고
씹고 삼키면 진정성과 포만감에
트림하고 주변을 살펴보면
또 다른 허기짐이 가시와 잔뼈
일상의 나쁨까지 입속으로 넣고 있다

얽혀 풀리지 않은 응어리와 발현 끝에서
풀풀 날아가는 유통언어는 찔찔 흘린 국물과
썩지 않은 이물질까지 입에 우겨넣고
숨통을 조이듯 냄새마저 틀어막았다

이내 강의를 끝내고 봉투를 밖으로
가지고 나오니 뽀오얀 하늘이 탁한
달꽃에 쌓여 엷은 안개 자욱하고
허연 입김 사이로 캑캑거린다

나풀나풀 날리는 눈발은 싸아한
가슴 헤집고 미세 먼지와
격한 냄새가 무거운지
거무튀튀해진 채
입과 입을 스치며 달꽃을 녹인다.

코로나19

세상은 네놈과 전쟁 중이다
참고 기다리고 회피하고 집콕하며
사회적 거리두기에 꼼짝할 수 없는
일들이 너로 인한 건지
자연을 파괴한 인간에 의한 건지

세 계절을 맞고 보내고 있으니
이제는 먹고살기 위한 걱정들이
만연되고 일상이 피폐해진 정신과
육체가 부은 건지 살찐 건지
움직임마저 둔해진다

월세 공과금 생필품 딱딱 긁어
한 달을 살고 나면 통장 잔고는
딸그락 찌이찍 소리 내며
동그라미만 찍고 있으니
마이너스 카드에 의존한 생활이
언제까지 이어질지 모르는 답답함에
불안만 쌓이고 있다

매일 수많은 전표를 먹어
부른 배를 만지며 노래 부르던
카드체크기는 굶어 여백 뿐
불 꺼진 거리는 스산한 마파람 불어
끈적한 밤공기 몸뚱이에 달라붙고
불쾌지수만 올리고 있으니 짜증스런
날들의 연속이다

가게 문 닫고 나온 주인 입으로 뿜어낸
한숨소리가 점점 커지고 활력을 잃어
걷는 걸음마저 휘청일때 쯤
밀린 대출이자 내라는 핸폰문자에
오싹한 한기로 오금이 저려온다

인간은 마스크로 입을 가렸다
숙주 비말 곧 네놈은 퇴치되겠지
그럼 그다음 그 그다음 생활은
끊임없는 물음이 꼬리를 물고
변질된 현실이 목을 조여 온다.

춘심이가 온다

미세먼지 구름때 벗기는 비가
움츠린 어깨 들썩이며
가지에 떨어지는 정을 담아
대롱대롱 매달고 잡채에 밥과 피자
찐계란까지 마음 가득 버물러 봄을 먹는다

이 소리는 이 느낌은 무엇인가
싸늘히 식어가는 기운이 쿵쾅거리며 뛰고
새록새록 뜨거운 가슴
들썩이게 하는 물보라 어둠을 때리면
커다랗게 파고를 이루고 퍼져가는
정겨움 보이려 얼음이 되어 본다

창밖 떨어지는 빗줄기에 스며든
소리를 뚫고 아득히 먼 곳에서
제주여인 연두치마 살랑이며 뭍으로
흥얼흥얼 풀어내는 소리가
귓전에 들릴 듯 말 듯 어슬어슬

"유자콩콩 재미나 넘자 아장 장장 벌이어

껑자 껑자 고사리 대사리 껑자
수양산 고사리 껑꺼다가 우리 아배 반찬하세
껑자 껑자 고사리 대사리 껑자"
고사리 타령이 빗소리를 자지러지게 한다.

삶은 달걀

늦은 밤 국도를 타고 집으로 가다가
뒷좌석 비닐봉지가 바스락 거려
공터에 차를 세우고 열어보니
삶은 달걀이 소리 지른 것이다
한참을 만지작거리다 한 개를 까서
입에 넣고 삼키려는데 문득 오래 전
버스를 타고 고향 떠나던 날
엄마가 두 손을 꼭 잡으며 말없이
입속에 넣어주던 삶은 달걀이 끈적끈적
씹히며 입속에서 깨어나고 있다

객지로 떠나는 자식에게 기르던
닭이 낳은 자식을 빼앗아
당신 자식에게 먹이는 어미의 애잔함
이제야 꾹꾹 눌러 시린 가슴을 채운다
자식들 위해 가난과 싸워야 했던
당찬 여장부는 세월을 먹으며 넉넉한
어미의 눈빛으로 따스하게 안아 주었는데
언제부터인가 안는 게 아니고 안겨서
몰래 눈물을 훔치며 보이지 않을 때까지

바라보던 모습을
뒤돌아보며 많이도 아파했는데
입속에서 쩝쩝거리며 그때를 그립게 한다

어둠이 가득 찬 길가를 벗어나
함께 달리며 집으로 가는 길은
바깥세상 불빛과는 다르게
어둠이 피워내는 작고 앙증맞은 불씨가
조금씩 타듯 아련함이 입속에서
넘어가는 애틋함 멈추게 하면
머뭇머뭇 맴돌다 당신과 자식들이
머리로 가슴으로 손끝으로 먹먹하게 느껴져
움켜쥔 손을 펼쳐보니 삶은 달걀이 웃고 있다.

비말飛沫

뭉게구름 무겁게 떠가는 갈 하늘
바람이 선들거리는 거리에
인간이 쏟은 한숨과 싸늘한 냉기
으스스 소름이 돋아 움츠리게 한다

재앙의 핏빛이 엄습하는 나날들
밝게 빛나던 거리는 스산함 가득
인간이 인간을 해하는 숙주인가
자연이 응징하는 경고인가

수요와 공급이 멈춘 휑뎅그렁한 거리
깔딱거리며 호흡하는 어항 속 횟감들과
생기 없는 모습으로 파리하게 파리채를
흔들고 있는 쥔장의 냉가슴은 쌓인
빚 독촉과 음식을 탐미하는 파리가 아닌
세상을 패대기치며 끓이고 있는 독기다

이른 시간 불빛이 하나둘 꺼지고
가게 문 닫는 셔터 소리가 덜커덩
가슴 철렁이게 하는 것은 문에 붙은

폐업 딱지와 품삯을 못줘 부딪치는
언쟁들이 찢긴 현실 울리고 있음인데
한숨 더해 우레가 귓전을 뚫고 벼락 치니
거리는 방울방울 날던 한숨들이 실성한 듯
휘청이며 정신을 놓고 엉엉 울고 있다.

마법魔法

봄날 코로나19에 일상을 빼앗긴
거리는 한산하다 못해 스산한
기운이 을씨년스럽게 어둠을
휘감고 바람에 먼지만 날린다

사람들은 저마다 마스크로 얼굴을
가리고 눈만 뺑긋이 말을 막고
경계하듯 서로를 피하고 있다

말에 데면 맞는 것보다 아픈데
단세포보다 작은 미생물이
키메라가 되어 인간을 공격하고
지구촌을 쑥대밭으로 휘저으며
거리를 꽁꽁 얼려 놓고 있다

생필품이 된 마스크는 흰 꽃잎처럼
거리를 수놓고 착용하지 않은 이를
숙주로 바라보는 불편한 생활이
사회를 송두리째 가둬 버렸다

숙주 비말 확진 양성 자가격리
사회적 거리두기 죽고 죽이는
전쟁터에서 아메바보다 작은 너를
만날까 봐 손을 씻고 마스크를 하고
답답함을 이겨내며 싸우고 있음이다

지구를 지키는 투사들이여
이 땅의 구성원이여 힘을 모아
코로나를 퇴치하고 족쇄를 풀자

거리가 말의 향연에 웃음꽃 피우면
세상은 활력을 찾아 일어설 것이니
서로 나누고 도우며 일상을 찾게
힘이여 솟아라!

소유所有

장맛비가 추적추적 내리는 녹동항 부근
찻집에서 문학이란 이름으로 밭을 갈고
씨앗을 뿌리는 동지들과 글밭을 풍요롭게
일궈야 하는 소명 하나로 얘기꽃을 피웠습니다

예술을 먹고 살다 귀촌한 부부가 사는 발포에
전화를 드려 뵙기를 청했더니 직접 덖은 곡우차가
있다고 하여 다섯은 차를 몰고 한달음에 가는 길은
바닷가 안개구름과 곡선 길 이어져 그림처럼 펼쳐지고
섬들 사이 유리 같은 바닷물이 흐릿한 연무에 쌓여
인간의 섬을 애써 외면하며 반기고 있습니다

팽주는 부부 중 여주인께서 맡아 차를 우려내며
찰진 멋과 차향이 섞여 삶에 대한 얘기는 익어가고
고단함 현실적 편협 애써 꾹꾹 눌러온 가슴에 가둬
응어리처럼 굳어있던 지난날이 되살아나
울컥 억겁億劫의 언어로 표현할 수 없는
부부의 눈물을 보았습니다

자연과 예술 농익은 생활의 가치는 어디에

외연의 평온함은 견딜 수 없는 쓸쓸함인가
무엇이 눈물을 저토록 시리고 아프게
얼렸을까 숨이 멎을 것 같아 딴청을
피우고 고개를 돌려야 했습니다.

한 떨기 꽃이여

코로나19의 여파에 일상이 멈춰버린
관객 없는 공연장을 생각하며 비애에
젖은 어느 젊은 안무가를 그려 본다

온전히 몸짓으로 날개 짓하는 미학의
본령에 동원된 소리와 절정의 감성이
발현되는 찰나를 붙잡아 말초신경까지
흔들며 극한의 세계를 그리다 혼절한
열정의 언어를 온몸으로 두드린다.

침묵과의 속삭임과 화려한 질감 속의 색채
상상을 뛰어넘는 기쁨의 내면은 깊은 상념과
절절한 가슴앓이가 감춰져 트림을 하고
꽃다운 청춘을 깊은 골짜기로 몰아넣는다

무게감 있고 힘 있는 춤사위가 흰 백지의
먹물처럼 흩어져 한 폭의 그림을 그리고
울리는 북소리는 날고 있는 한 쌍의 원앙새
사랑이야기로 마음은 훨훨 날고 있다

화사한 봄날 활짝 핀 꽃과 나비가 소곤대는
무릉도원에서 귀거래사를 읊은 도연명의
평온한 마음처럼 자연으로 돌아와 생활과
현실의 세계를 조화롭게 가꾸는 그대는
마음의 들판을 거닐며 인생을 아름답게
빚고 있음이니 여인이여 향기롭게 피어라.

해설

전원의 삶과 노년의 존재론

—남선현 시의 의미

김경복(문학평론가, 경남대 교수)

뒤돌아보지 말자 돌아보는
가뭇한 얼굴은 슬프다

—「차를 마시며」 부분

그렇게 다짐해도 돌아보게 되는 것이, 아니 돌아볼 수밖에 없게 예정되어 있는 것이 인간 아닐까? 많은 전래 설화에서 '뒤돌아보지 말라'는 금기를 우리는 기억하고 있는데, 그 금기에 대한 이야기는 결국 금기를 어기고 뒤돌아보는 것으로 끝을 맺고 있다. 그리하여 돌이 되거나 소금이 되어, 혹은 연못이라든지 기타 등등이 되어 인간의 어찌할 수 없는 나약함과 어리석음, 아니 그 처연한 운명을 전설이라는 이름으로 남기고 있다. 생각해보면 돌아본다는 것은 참으로 슬픈 일이다. 돌아본다는 것은 자신의 현재적 삶에 결핍을 느끼고 보다 아름다웠던 한 때, 즉 과거를 그리워하여 돌아가고 싶다는 생각을 드러내는 것으로 볼 수 있는 만큼 쓸쓸한 행위인 것이다. 그리고 돌아본다 하여 다시 과거로 돌아갈 수 없고, 그 돌아갈 수 없다는 사실을 재삼 확인함으로써 마음만 스산해지기 마련이어서 그것은 더욱더 깊은 슬픔이 된다.

그렇지만 어느 인간이 과연 이 '돌아보고 싶다'는 말에서 벗어날 수 있을까? 인간이기에 돌아보게 되는 것일 터이다. 특히 나이 들어 노년의 삶을 살아가게 될수록 현재적 삶이 주는 무료함과 덧없음으로 인해 아름다웠던 한 때, 그 충만했던 과거의 어느 한 때로 돌아가고 싶다, 돌아가고 싶다 하는 마음의 소리에서 벗어나기 어려울 것이다. 그 마음의 울림에 져서 끝내 뒤돌아보고 마는 핼쑥한 얼굴, 시인은 이를 '가뭇한 얼굴'로 표현하고 있는데, 이 얼굴을 우리가 마주치게 된다면 우리의 얼굴 또한 얼마나 핼쑥하고 안쓰러운 표정을 짓고 있게 될 것인가! '가뭇하다'는 말이 암시해주는 뜻 또한 참으로 의미심장하지 않은가. 희미하게 사라질 듯 말 듯한 표정의 얼굴을 떠올리게 되면 마음 한 편으로 울적함과 함께 타는 듯한 안타까움이 솟구친다. 저렇게 스스로 '뒤돌아보지 말자'고 다짐하면서 끝내 '가뭇한 얼굴'로 뒤돌아보고야 마는 사람의 심정은 어떠할까?

남선현 시인의 이번 시집은 이런 애처로움이 시집 도처에 깔려 있다. 그런데 그 애처로움은 그냥 값싼 눈물을 한 바탕 쏟아내고 마는 것이 아니라 인간의 본질과 운명에 대해 사색하고 수긍하게 하는 어떤 철학적 맛이 들어있다. '애이불비(哀而不悲)', 슬프되 비참하지는 않다는 것. 인간은 나이 들어 늙어가고 죽음이라는 운명에 처단된 슬픈 존재이지만 이것으로 인해 깨달음을 얻어 더욱 높은 영적 존재로 다시 태어날 수 있으리라는 어떤 비의(秘義)가 시집 속에 배어들어 있는 것 같다. 깨달음은 문득 순간에 드는 생각일 터인데, 그것은 일상적 현실에서 벗어나는 순간에 이루어지는 것을 말함일 것이다. 그렇다면 그것은 일상의 흐름을 비틀거나 뛰어넘는 일, 가령 앞만 보고 나아가다 갑자기 멈춰 돌아보는 것과 같은 것이지 않을까? 시인 남선현이 '차'를 마시다 문득 자신의 삶을 뒤돌아봄으로써 '가뭇한 얼굴'을 발견한 것이 그와 같은 것이라고 볼 수 있을 것이다. 이것을 보다 더 잘 알기 위해 그의 시적 풍경 속으로 좀 더 들어가 볼 일이다.

전원으로의 귀거래와 자연 순응

남선현의 최근 시집과 이번 시집을 읽어보면 전원으로 돌아온 사람의 심정이 잘 표현되어 있다. 이런 시를 읽어보면 "돌아가자.(歸去來兮)/ 고향 전원이 황폐해지려 하는데 어찌 돌아가지 않겠는가.(田園將蕪胡不歸)"라고 읊고 실제 벼슬을 버리고 고향으로 낙향해 살았던 도연명의 「귀거래사(歸去來辭)」를 떠올리게 한다. 도연명은 속세의 번잡함과 물욕에 젖어 사는 삶이 참으로 덧없고 허망한 것임을 문득 깨닫고 자연, 특히 고향의 전원 속에서 사는 삶이 얼마나 자유롭고 가치 있는지를 노래하였다. 도연명에게는 고향의 전원으로 돌아오는 것이 진정한 삶의 출발을 실천하는 것과 같은 것이었다. 이와 같은 것을 남선현 시인도 노년에 들어 새삼 깨닫게 되었다는 의미일 것이다. 다음 시편들을 보면 이를 잘 알 수 있다.

옆집 은행잎과 은행이
놈시밭에 떨어져 주워내고
치우느라 고약한 냄새에
머리가 지끈거리고 허리가
욱신거려 꼼짝 못 하것다

언넘이 가을 가을 한 거여
고랑 타 놓고 양파 심으려고
읍내 나가 모종 사 오니 젠장 헐
이걸 어쩔 것이여 떨어지고 뒹굴다
바람이 몰았나 꼬랑새에 끼여 또 쌓였다

놈시밭의 가을은 죽을 맛이다
김장 채소는 벗기는 이파리가
야금야금 상처 입히고 똥 냄새난
알맹이는 톡톡 구멍 뚫어놓고
꿈틀거린 너식은 살겄나고 요리서리
숨기 바쁘고 요것들 하며 허리 펴고
먼 산 바라보면
노랑빨강 떠억 하고 다가오는 화려함
탐스럽게 농익은 가을이 눈앞에 있다.

—「놈시밭에서」 전문

옹댐이골 조상 만나러 가는 길
고개 들어 날꼬지 내봉재 건너
바라보면 산과 들은 연둣빛에
젖어 들어 잡힐 듯 말 듯
힘찬 기운이 골짜기마다 들썩이는
생명의 소리인 듯 싱그런 물빛
반짝이며 갯벌을 울린다

…(중략)…

먼 곳을 휘이 돌아보면
가물거린 지평선 사이로
봄내 품은 감태 한 장 덮여있어
가까이 더 가까이 다가서면

하얀 거품 걷어낸 자리
물잎새 피어 너울거리고
바람에게 쫓겨난 듯
자박거린 바닷물 드나들다
돌부리에 걸려있는 별을 재우고 있다

—「삼짇날 갯가에서」 부분

두 편의 시를 읽어보면 시골에서 생활하는 화자의 한가롭고 여유 있는 심리를 엿볼 수 있다. 「놈시밭에서」는 표면적으로는 시적 화자가 '놈시밭', 즉 남새밭에서의 배추 농사를 지을 때 생기는 짜증 나는 일을 읊조리고 있지만 실제로는 "꿈틀거린 녀석은 살것다고 요리저리/ 숨기 바쁘고 요것들 하며 허리 펴고/ 먼 산 바라보면/ 노랑빨강 떠억 하고 다가오는 화려함/ 탐스럽게 농익은 가을이 눈앞에 있다."에서 볼 수 있듯이 배추벌레로 추정되는 대상에도 '요것들'로 바라보는 애정어린 시선과 무엇보다 "노랑빨강 떠억 하고 다가오는 화려함/ 탐스럽게 농익은 가을"이란 표현에 담긴 자연에 대한 경탄은 전원생활의 운치와 깨달음을 압축적으로 보여주고 있다. 남새밭 갈이의 고생은 현재 전원과 벗하여 살아가는 즐거움의 반어적 표현인 셈이다. 특히 이 시는 '놈시밭', '못하것다', '꼬랑새' 등 전라도 사투리와 말씨를 시 속에 그대로 사용함으로써 소박하고 진솔한 삶의 모습을 그대로 살리고 있다. 그러한 표현 속에서 이 시가 추구하는 향토적 삶의 자연스러움과 생기를 잘 드러내고 있다고 볼 수 있는 것이다. 특히 도연명의 시처럼 자연에 귀일하여 사는 삶의 즐거움을 잘 표현해내고 있는 것으로 보인다.

「삼짇날 갯가에서」는 전원적 삶의 한가로움에서 한 걸음 더 나아가 자연적 삶이 가지는 충일함과 아름다움을 담담하게 형상화해내고 있다. 봄이 오는 산골짜기 '싱그런 물빛'에서 "힘찬 기운이 골짜기 마다 들썩이는/ 생명의 소리"를 발견하는 것은 시적 화자의 가슴에서 솟아나는 생의 충일감에 의해 일어나는 표현일 것이다. 시적 화자는 그 충일감이 얼마나 자신에게 신선하고 신비한 것인지를 스스로 알 수 없었던 듯 '연두빛 싱그런 물빛'을 '생명의 소리'로, 즉 시각적 심상을 청각적 심상으로 들려오는 것으로 표현해내고 있다. 공감각은 대상이 주는 황홀감에 젖어들지 않고는 발견할 수 없는 감각이다. 이 상황에서 공감각적 표현이 발생하는 것은 그만큼 자연이 주는 아름다움과 생동감에 대해 시인이 깊이 몰입해 있다는 의미로 해석할 수 있다. 특히 시 말미에 표현된 "자박거린 바닷물 드나들다/ 돌부리에 걸려있는 별을 재우고 있다"는 표현은 자연 속에서 한가롭게 살지 않는 사람은 발견할 수 없는 이미지로, 참으로 기이하고도 아름다운 한 순간을 드러낸 것이라 하지 않을 수 없는 것이다. 이 부분을 찬찬히 읽어보면 자연의 이 생동감과 아름다움은 우리 인간이 추구해야 할 영원한 대상으로서 가치가 아닐까 하는 생각을 갖게 한다. 남선현 시인은 자신의 고향 고흥에서 살면서 이와 같은 현상을 발견하고 거기에서 삶의 의미를 추출하고 있다.

이번 시집에서는 이러한 시편들이 주류를 이루고 있다. 그런 시들을 쓰면서 시인은 "자연의 일부로 선택 받아 우주를/ 살아가는 꿈틀대는 기쁨인 게지/ 내일은 또 누가 함께할지 모르지만."(「텃밭에서」) 이라고 표현하면서 '우주를 살아가는 꿈틀대는 기쁨'을 노래한다. 이것은 생의 신비에 대한 어떤 각성과 함께 존재의 본질에 대한 어떤 터득이 있음을 드러내는 것이다. 생의 진정한 가치에 대한 깨달음을 전원생활을 통해 '놀람'과 '경외', '수긍'의 태도로 체득해 나가고 있는 것이라 할 수 있다. 이런 점은 도연명이 「귀거래사」에서 "아, 어쩔 수 없구나(已矣乎)/ 이 세상에 남은 날 멀지 않으니(寓形宇內復幾時)/ 어찌 섭리에 내 마음 맡기지 않겠는가(曷不委心任去留)" 하며 천지자연에 동화되어 자연의 섭리를 터득하는 것에 비견되는 부분이라 하겠다. 그런 점에서 자연의 동물과 식물들을 "조화롭게 살아가는 자연의 친구들인 것을"에서 보듯 자신의 '친구'로 여기는 「내 친구들」은 자연의 섭리에 순응해서 살아가는 삶의 자세는 물론 당대 자연 생태계 위기의 문제를 극복할 수 있는 삶의 태도를 보여준다는 점에서 매우 문제적 인식이다. 인간도 자연의 일부라는 인식은 오늘의 현실에서 더욱 절실하게 요청되는 참으로 웅숭깊은 삶의 철학이라 하지 않을 수 없는 것이다. 「상강에」를 비롯한 「접힌 달빛은」, 「댓돌에 앉아서」, 「비워둔 곳에 꽃이 피네」 등의 시들에서도 이런 내용이 잘 드러나고 있어, 남선현 시인의 이번 시집은 존재론적 사유와 생태적 사유가 만나 당대의 한 가치 있는 삶의 전형을 보여준다는 점에서 의미심장한 시집이 되고 있다.

농촌 현실에 대한 비판적 인식과 애정 어린 시선

시인 남선현은 자신의 지향적 가치를 추구한다 하여 현실적 삶의 모순을 외면하거나 은폐하려고 하지는 않는다. 그가 살고 있는 실제 고향의 시골 마을은 농업 홀대에 따른 황폐한 공간으로 등장하고 있다. 대부분 노인들로만 구성되어 있는 쓸쓸한 모습이거나 모순적 경제 구조에 치여 삶의 낙을 잃어가는 시골 모습의 실상을 쓸쓸히, 그러면서도 담담히 기술하고 있다. 마음의 아픔과 분노를 담아내면서도 그 절망의 깊이가 얼마나 개선되기 어려움을 반영하기라도 하는 듯 객관적 어조로 나지막이 읊조린다. 목청을 높이지 않는 데에 시골 사람들의 시름과 분노가 더 깊이 맺히고 있음을 볼 수 있다. 다음 시편들이 이를 잘 보여준다.

외롭고 그리워서 울부짖듯 소리치던 쓸쓸함이
찬바람도 엉엉 울렸을 간밤에
혼자 몸부림치다 저승으로 잡혀간
청산 아재의 죽음 앞에서
우리는 자유로운가

고흥 40퍼센트가 65세 이상 옛 젊은이 꿈틀거리는 곳
가슴을 후벼 파는 겨울의 추위보다 아픈 보고픔과
사람이 그리운 사람들을 보듬어 줄 이웃의 관심이
꽁꽁 언 마음 녹이는 화롯불 되어 두세두세 모여
저승에서 뭔 놈이 잡아 갈 그날까지 함께 할 텐데

아재 청산아재 인자 저승길 같이 가자고
옆사람 잡아끌면 못쓰요
가다가 당신 같은 꽁꽁 언 가슴 있걸랑
땃땃하게 녹여 돌려보내 주랑께요 잉.

—「훼방꾼」 부분

떨어지고 썩고 녹고 있는 것이 어찌 깨뿐이랴
마늘 · 양파 · 과일 · 벼 · 작물들 하나같이 뒤틀리고
꼬이는 수요공급의 불균형이 비에 젖고 쓸려와
뭘 어떻게 해야 할지 농심에 재를 뿌려
의욕마저 앗아간 상실감에 주름만 쪼그라든다

—「상실감喪失感」 부분

전체적인 시의 분위기는 어둡고 삭막하다. 현실적 삶의 터전으로서 시골이 매우 황폐해지고, 고통스러운 장소가 되고 있다. 「훼방꾼」

에서 잘 볼 수 있듯이 그가 살고 있는 고향으로서 "고흥(은) 40퍼센트가 65세 이상"으로 소외된 지역임을 부각하고 있다. 그리하여 그곳에서는 "가슴을 후벼 파는 겨울의 추위보다 아픈 보고픔"이 만연해 있는 쓸쓸하고 어두운 삶의 모습들이 대중을 이룬다. 실제 이 시의 제재가 되고 있는 '청산 아재'는 타지로 나간 자식 자랑을 그렇게 많이 하고 있지만 정작 자신은 "혼자 몸부림치다 저승으로 잡혀간" '고독사'를 당하여 자식으로부터도 철저히 소외되어 있다. 자식의 무관심이 문제가 아니라 오늘의 농촌을 구성하고 있는 현실이 사회적 제도와 구조로부터 철저히 외면당하고 홀대받고 있음을 문제삼고 있는 것이다. 이는 삶과 문화의 생태적 관점에서 불합리한 당대 제도적 현실에 대한 비판적 인식의 발로라 하지 않을 수 없다.

이러한 내용은 「상실감喪失感」에서 더 노골적으로 나타난다. 농업을 기반으로 한 지금의 시골은 "떨어지고 썩고 녹고 있는 것" 천지다. 정치의 홀대에 따른 "수요공급의 불균형"이 "농심에 재를 뿌려" '상실감'만 깊어질 따름이다. 천지자연은 아름답기 짝이 없지만 그곳에서 살아가는 현실적 삶의 모습은 고통스럽고 빈궁하기 짝이 없다. 이런 시골 사람들의 곤궁한 삶의 모습은 「발바닥 상처」에서도 잘 드러나고 있다. "손을 바라보니/ 쩍쩍 갈라진 거북이 등짝 같이/ 잔주름 가득하다"에서 볼 수 있는 것처럼 고통과 상처만이 농촌 삶의 대부분을 구성하고 있다. 그것이 비록 자식들과 자신의 삶을 위한 길이었다는 점에서 가치 있는 것이기도 하겠지만 정당한 대가가 주어지지 않는 상태에서 고통만 강요당한 오늘의 농촌 삶의 전형을 드러내는 것이기에 부당한 고통의 기록에 해당한다.

그렇지만 그에게 농촌은 이렇게 고통과 불만의 장소만은 아니다. 인간적인 우의와 생명의 강인함을 느끼게 하는 낭만의 공간이기도 하다. 다음 시편들이 이것을 잘 보여준다.

비오는 날 옆집에서 부처리 부쳐놓고
탁배기 한 잔 하자고 해서 어울려
한줌 묻어둔 옛 이야기에 젖어드는데
지나던 아짐 불쑥 내밀고 간 녀석은
개똥참외도 성주 성환 참외도 아닌 것이
개구리처럼 수박처럼 늘어져 있다

깎아서 한 입 깨무니 이것이 뭐다냐
물외냐 단호박 이당가 맛탱이가 왜이려
길쭉한 그림자 그늘 돼 콩닥콩 마음 조리며
별빛내리는 밤 서리 해묵을 땐 징하게
맛났는디 말이여

—「개구리참외」 부분

여전사!
애써 아름답게 빗질하는 전사들
가족을 위해 이 땅을 지키며
어미의 앙당그런 매무새로 싸워 온 세월
등이 휘고 삭신은 만신창이 되었어도
화사하게 벙근 미소는
장승처럼 우뚝 서서 마을을 품고 있다

이 마을로 배치된 지 육십여 년
호미와 낫과 긴장과 땀으로 지킨 세월
남는 건 주름진 얼굴과 이빨 빠져 어눌한 발음
전사들의 암호 같은 수다로 어느새
점심은 만찬이 되어 진지를 사수하고
여섯 전사들의 무용담은 너 나 할 것 없이
지나온 세월 반찬이 되고 안주가 되어

한술 또 한잔 밥과 반찬과 반주는 어느새
갈등과 고통의 훈장으로 잔주름사이에 숨어 있다.

—「여전사」 부분

앞에서 우리는 시골이 전원적 삶의 공간으로서 생의 한가로움과 충일함을 주는 곳이기도 함을 보았다. 실제 생활의 공간에 들어와서도 농촌은 마냥 처량하고 슬픈 곳만은 아니다. 「개구리참외」에서 볼 수 있듯 시골에서의 삶은 우애와 연대로서 인정을 나누는 한가로운 모습이다. 도시적 삶이 갖는 경쟁과 소외의 삶에서 벗어나 인간과 인간이 나누는 따뜻한 선의와 동질성이 살아있는 모습이다. 에른스트 블로흐가 꿈꾸는 '동일성의 고향'의 모습이 이런 시 속에 녹아들어 있다. 이는 앞에서 보았던 전원으로 귀거래하고자 하는 근본적 이유이기도 하다. '부처리(부침개)'와 '탁배기 한 잔', 거기에 섞여 들어가는 '한 참 묻어둔 옛 이야기', 그리고 지나가는 '아짐'(아주머니)이 주는 '개구리참외'는 소외와 분열이 없고, 모든 것이 하나의 정서와 가치로 통합되어 가는 원환적(圓環的) 세계의 모습을 보여준다. 우리가 가까운 과거에 잃어버려 다시 오랜 시간을 들여 찾아야 할 삶의 모습으로 부조되는 것이다. 시인 남선현은 다시 찾은 고향에서 미래적 가치의 삶을 찾아내 이를 매우 아름다운 서정으로 그려내고 있다.

그러한 세계 속에서는 늙어가는 것은 추하거나 부끄러운 것이 될 수 없다. 「여전사」는 바로 이러한 점을 드러내고 있다. "가족을 위해 이 땅을 지키"려다 "등이 휘고 삭신은 만신창이 되"었지만 끝내 "장승처럼 우뚝 서서 마을을 품고 있"음으로 인해 마을 아낙들은 바로 "여전사!/ 애써 아름답게 빗질하는 전사들"이 된다. 가장 강인한 생명력으로 마을의 모든 생명체를 기르고, 그들의 안녕과 발전을 뒷받

침해줌으로써 이 마음을 지키는 수호신으로서 '장승', 즉 '여전사'가 된다. 여전사로 마을 어르신들이 존중받을 때, 그들의 삶에 남아있는 모진 고통의 흔적들은 "갈등과 고통의 훈장"으로 승화된다. 남선현 시인은 오늘의 시골 마을에서 쓸쓸히 소외되어 있는 노인들의 삶이 결코 무가치하거나 어두운 삶의 형식이 아님을 말하고 있다. 소외되고 고통 받아 더욱 가치 있고 찬란한 삶의 모습이 됨을 알아야 한다는 것이다. 이것은 크게 보아 연민의 태도에 기인하는 것이지만 참된 삶의 가치가 어디에 있는지를 부단히 탐색한 끝에 나온 서정적 발화로 보인다. 고향을 지키며 생명을 길러낸 사람들이야말로 참으로 근본을 지켜 영원한 가치를 찾은 사람들이 아니겠느냐는 것이다. 이러한 인식에 이르러 남선현 시인의 시를 다시 보게 되면 마음 한쪽 허허로운 부분부터 따뜻한 서정의 물결에 젖어옴을 느끼게 된다.

노년의 존재론과 구원의 형식으로서 시

그렇지만 사람의 삶이 이렇게 낭만적이기만 할까? 남선현의 이번 시집을 읽으며 내내 가슴이 아리게 한 시편들은 그의 현실적 삶의 모습을 여과없이 보여준 작품들이라 할 수 있다. 직장 은퇴 후 고향에 낙향해 살아가는 자신의 삶에서 기쁨과 한가로움을 찾기도 하지만 끝내 자신의 삶과 그 주변에서 발생하는 쓸쓸함과 어두움은 시를 쓰는 시인 자신이나 보는 독자들에게 깊은 씁쓸함을 우려내게 한다. 노년의 실존적 처지에 대한 성찰에서 오는 이 자성의 목소리는 앞에서 보았듯 가끔 "뒤돌아보지 말자 돌아보는/ 가뭇한 얼굴은 슬프다"(「차를 마시며」)는 탄식의 목소리로 나타나기도 하지만, 어느 새 나이 들어 죽음을 생각하지 않을 수 없는 지경에 처한 자신과 그 주변의 삶에 대해 짙은 회한을 담아내고 있다. 그런 시들은 참으로 둔중한 통증을 수반하고 있다. 다음 시편이 대표적인 그런 경우이지 않을까?

한가위 형수님이 계신 요양병원을 찾았다
대뜸 밝은 표정으로 아재 쩌그 신발장에
신발 좀 갔고 오씨오 얼능 하며 재촉을 한다

어디 갈려고요 호덕가서 떡허고 이것저것
준비혀서 차례 지내야제 아 참 장에 가서
고기도 좀 사오씨오 추석에 애들도 올텐디
기억의 끈을 놓지않겠다는 듯 애써 큰소리로
얼른 신발 좀 갖다 주랑께요 하고 있다

많은 시간 되돌리려 얼마나 몸부림쳤는지
점점 희미해져가는 존재감은 현실을 사르고
백지가 되어가는 기억들 중에 잊지 않고
흐카게 빨아 놓았당께 얼능 가꼬오랑께요
하며 신발 달라고 보채고 있다

자신의 세계에 갇혀 움직일 수 없는 육신을
잊어버리고 그저 집으로 가야한다고
안달하는 여린 천사가 눈에 밟힌다
호덕 안가고 우리 집에 가야 하는데 하며
손을 붙잡으니 뻔히 바라보는
눈엔 이슬이 맺혀 크렁크렁 젖어있다

신발은 집으로 가는 부적이며
세상을 연결하는 주문呪文이었을까
주술에 걸린 듯 신발 흐칸신발이

잠자리에 누워 눈을 감아도 되살아나
자리끼에 둥둥 떠돌고 있다.

—「부적符籍」 전문

참으로 애달프고 안타깝다. 나이 들어 요양병원에 있는 형수의 삶은 시적 화자에게 처연하기만 하다. 치매에 든 상태로 젊은 날의 한 삶을 계속 반복적으로 살고 있는 형수의 모습은 시인에게 "안달하는 여린 천사"의 모습으로 다가온다. "눈엔 이슬이 맺혀 크렁크렁 젖어 있"는 형수에게 '신발'을 가져다줄 수도 없고, 그렇다고 내몰라 할 수도 없는 시적 화자의 안타까운 마음은 보는 독자의 마음까지 울리게 하고 있다. 무엇보다 이 시의 초점은 형수가 집에 갈 수 있다고 믿는 '신발'이 "집으로 가는 부적이며/ 세상을 연결하는 주문呪文"이 되고 있음을 느끼는 시적 화자의 심정이다. 집에 돌아갈 수 없는 형수의 아픈 처지에 난감해 하면서 그것을 초월할 수 있는 어떤 신비적 계기로서 '부적'과 '주문'이 삶의 현실에 발생하기를, 다시 말해 강림(降臨)하기를 바라는 마음으로 볼 수 있기 때문이다. 현실이 너무 팍팍한 상황에서 융화와 통합의 상징으로 쓰이는 '부적'은 메마른 현실을 이겨낼 수 있는 희망의 원리로 화자에게 인식된다. 이 지상의 무료하고 무의미함을 덜어내는 신비의 주술로서 시적 지향이 되고자 하는 것이다. 노년의 삶이 가지는 아픔과 간절함은 「황혼黃昏」이나 「송송한 계절에」 등에서도 잘 드러나 참으로 처연하지만 아름다운 한 생애들이 있었음을 시인은 서정의 발화로 기록하고 있다.

이러한 주변 사람들이 갖는 쓸쓸한 풍경은 곧바로 자신의 삶에 대한 의식으로 이어진다. 나이 들어간다는 것은 쓸쓸한 일이자 슬픈 일인 것이다. 그렇지만 그것이 단순한 슬픔에 그치기만 해서는 안

된다는 것이 시인 남선현의 생각이다. 좀 더 사색하고 침잠하여 존재의 구원이 무엇이며 여기에 이르는 방식이 무엇일지 헤아려 보아야 한다는 것이다. 그것은 매우 고도의 존재론적 사색이다. 다음 시편들이 그런 경우이지 않을까?

제야의 종소리에 한 해 동안 묻어둔
응어리 부풀려 너덜너덜 펄럭인다
새롭게 빚어낸 새날은 푸르게 옴싹여야
의미를 삭힐 수 있는데
매해 부서지고 짓밟힌 아쉬운 날은
점점 쌓여 더 큰 앓이로 새해를 품는다

떨리는 손으로
잊어야 할 슬픈 이름을 금 긋듯
찌이익 그어 꾸깃꾸깃 버린다 해도
잊을 수 없기에 아픈 기억들은
지나간 날에 새겨놓고
지독한 어둠 그 터무니없는 보고픔을
아리게 붙잡아 새날 햇별에 비춰 본다

문득 내 나이가 무겁다
창문 밖 늙은 감나무 위엔
깃털 곱게 빗은 까치 한 쌍
살피 건넌 가지에서 소제밥 나누며
카지까깍 안부를 묻는다

내내 소식 없어 마음 끓인 자식처럼.

—「이참에 오려나」 전문

비가 줄척거리는 날

뒤곁에 봄동 뽑아 씻어서
물근 밀가루 반죽에 휘이 저어
부처리 몇 장 부쳐놓고 막걸리 잔
기울며 밤 그림자를 넘기고 있다

어쩌랴 시詩를 뒤집어
부처리 지지다 목에 걸려
이마 살 찌푸리게 한 검푸른 씁쓸함
벌컥 벌컥 막걸리에 스며들어
목을 타고 꿀꺽 꿀꺽 울면
번개는 자글자글 기름에 떨어져
도망치는 욕심 쫓아 헤집기 바쁘다

죙일 비는 내리고 눅눅한 기분에
추임새 곁들어 요리저리 얼얼하게
젓가락 장단 두들이며 먹고 또 먹어도
비어있는 허기짐 채워지질 않고
빗소리에 묻혀버린 덜 익은 얘기와
말캉말캉 입속에 으스러진
미련 한 조각이 밤을 부처문다.

—「부처리」 전문

참으로 아름다운 두 편의 시다. 생에 대한 인식의 깊이와 함께 그 상황에 맞는 적절한 형상이 매우 아름답고 신비하게 펼쳐 있다. 그러면서 거기에 곁들어지는 직관적 경구의 표현은 무릎을 칠 만한 느낌을 주게 하여 시인의 내공이 보통이 아님을 감지하게 한다. 우선 「이참에 오려나」는 "제야의 종소리"로부터 시작하여 시간의 흐름에 대해 인식하면서 "잊을 수 없기에 아픈 기억들은/ 지나간 날에 새겨놓"는 무상한 일들을 하는 모습을 그리고 있다. 한 마디로 늙어감에 따른 "지독한 어둠 그 터무니없는 보고픔"을 느꼈을 때 내뱉는 탄식, "문득 내 나이가 무겁다"는 경구는 현실적 삶의 예민한 실감을 넘어 존재의 근원적 한계를 느끼게끔 함으로써 깊은 공감을 획득케 하고 있다. 유한적 존재로서 가지는 이 '어찌할 수 없음'에 대한 감각을 우리에게 실감으로 불어넣어주고 있는 것이다. 태어남과 늙어감, 그리고 죽어감에 대한 어찌할 수 없음은 생에 대한 하염없음의 태도로 나타나는데, 이는 창문 밖 늙은 감나무 위에 앉아 꺆꺆 거리는 까치의 모습을 쳐다보는 모습에 반영되어 드러난다. 시인 남선현은 일상 속에 마주치는 까치의 울음과 행위를 통해 존재의 어찌할 수 없음, 즉 운명의 편린을 깨닫고 생의 무거움을, 특히 나이가 들어 죽음으로 기우는 '존재의 무거움'을 토로하게 되는 것이다. 이것은 노년의 삶에서 느끼는 실존적 인식으로서 보다 고차원적 삶에 대한 갈망의 표현으로 보인다.

이러한 인식은 「부처리」에서 더욱 분명하게 나타난다. 나이 들어 쓸쓸해진 심리적 상태를 시적 화자는 "어쩌랴 시詩를 뒤집어/ 부처리 지지다 목에 걸려/ 이마 살 찌푸리게 한 검푸른 쓸쓸함"이라는 표현을 통해 드러내고 있다. 여기서 '검푸른 쓸쓸함'이라는 놀라운 이미지는 늙음에 대한 직관적 통찰일 것이다. 매우 역설적이고 신선한 규정으로 보인다. 더 음미해볼 대목은 이 쓸쓸한 노년의 삶을 반추하는 것으로 '시'의 뒤집기, 즉 시쓰기를 언급하는 부분이다. 여기서 남선현이 언급하는 '시'는 노년에 접어든 자신의 삶을 관조하고 거기에 의미를 부여하는 양식이란 의미를 갖는다. 에드워드 사이드는 『말년의 양식에 관하여』에서 노년의 양식, 즉 '최후의 양식'은 "종국에 접어드는 것, 의식이 깨어있고 기억으로 넘치는 것, 그러면서도 현재를 대단히 예민하게 여기는 것"이라고 말한 바 있다. 남선현이 언급하는 이 '시'야말로 바로 사이드가 말하는 최후의 양식으로 제 존재성을 증명하는 것이지 않을까? 그때 시는 쓸쓸한 표정을 띠고 있지만 존재의 본질을 드러내는 것으로서 어떤 광휘를 내뿜고 있을 것으로 생각된다. 남선현이 발견한 '검푸른 쓸쓸함'은 바로 이런 최후의 양식으로서 '시쓰기'이자 노년의 존재론을 심미적으로 풀어낸 것에 해당한다. 그렇게 본다면 남선현 시인에게 시의 언어야말로 최후의 시간에 이르러 명징한 기억과 인식을 보풀처럼 일어나게 해 자기 존재성을 증명하게 하는 표지인 셈이다. 의식으로 자신의 현실적 삶에 대한 의미를 말갛게 정화시키는 것이야말로 제 존재를 구원에 이르게 하는 것임을 터득했다는 뜻일 것이다.

그런 점에서 남선현의 시는 존재의 본질에 대한 탐구이자 존재의 구원에 대한 갈망이다. 그의 시쓰기 작업은 일찍부터 이러한 일을 수행해 왔겠지만 노년의 나이가 됨으로써, 그리고 고향이라는 시골에 들어감으로써 보다 근원적이자 궁극적 관심으로 이와 같은 일을 진척시키고 있었다고 볼 수 있다. 그에게 고향으로의 귀거래는 보다 가치 있는 세계로의 도약이며, 나이 들어 쓸쓸해지는 것은 생의 본질에 한 발자국 더 다가가는 일이 된다. 삶은 다면적이고 중층적이다. 남선현이 그리는 시적 진전과 도정은 시골 전원의 노년적 존재가 추구할 수 있는 구원의 한 형식이다.